PONS

Basiswortschatz Russisch im Griff

von
Ulf Borgwardt
unter Mitarbeit von Harry Walter

Ernst Klett Verlag
Stuttgart · Düsseldorf · Leipzig

PONS Basiswortschatz Russisch im Griff

von Dr. Ulf Borgwardt
unter Mitarbeit von Dr. Harry Walter

Dieses Symbol  weist auf einen Lerntipp hin.

Dieses Werk ist inhaltlich identisch mit:
Basiswortschatz Russisch im Griff, ISBN 3-12-560970-4.

1. Auflage A1 4 3 2 | 2003 2002 2001

Internet: http://www.pons.de
e-mail: info@pons.de

Redaktion: Karin Töpfer
Einbandgestaltung: Erwin Poell, Heidelberg;
Metzger & Schmidt (Designbüro MESCH), Mannheim
Zeichnungen: Hartmut Klotzbücher, Stuttgart
Layout/Satz: a - z Publishing, Leipzig
Druck: Druckerei zu Altenburg, Altenburg
Printed in Germany
ISBN 3-12-560948-8

Inhaltsverzeichnis

1. Kapitel

Дополни́те свой запа́с слов

Erweitern Sie Ihren Wortschatz

1. Wörter sind die wichtigsten Bestandteile einer Sprache.

Grammatik ist zwar wichtig, aber Wörter sind weitaus wichtiger. Ohne sie ist eine Verständigung in der Regel nicht möglich.

2. Führen Sie eine Vokabellernkartei.

Fertigen Sie sich dazu einen Kasten von ca. 15 cm Länge, 7,5 cm Breite und 5 cm Höhe für Blätter im Format DIN-A7 an. Unterteilen Sie den Kasten in fünf unterschiedlich tiefe Fächer, das erste etwa 0,5 cm, die übrigen doppelt so tief wie das jeweilige davor. Beschriften Sie nun die ersten Blätter. Schreiben Sie auf die eine Seite die russische Vokabel, sprechen Sie sie laut vor sich hin, erinnern Sie sich möglichst der deutschen Bedeutung, und schreiben Sie diese oder ein russisches Synonym auf die andere Seite. Beginnen Sie mit dem Üben, nachdem sich das schmalste Fach mit Blättern gefüllt hat. Übersetzen Sie zuerst ins Deutsche, danach ins Russische. Gelingt das, so stecken Sie das betreffende Kärtchen ins nächste Fach. Andernfalls bleibt es im ersten Fach bzw. muss dorthin zurück.

3. Lernen Sie die Wörter rationell.

Lesen Sie die russischen Wörter und ihre deutschen Entsprechungen mehrmals laut vor, suchen Sie nach Wortteilen, die Ihnen von anderen Wörtern her bekannt sind, und vergleichen Sie die Bedeutungen. Überprüfen Sie die Beherrschung durch Übersetzung aus dem Russischen ins Deutsche und umgekehrt, möglichst mündlich und schriftlich. Beginnen Sie die Selbstkontrolle mit den Wörtern, die keinerlei Schwierigkeiten bereiten. Bilden Sie Wortfamilien, Synonyme oder Antonyme, Sätze oder Fragen.

4. Nutzen Sie jede Gelegenheit zum Lernen der Wörter.

Erweitern Sie Ihren Wortschatz bei jeder sich bietenden Gelegenheit – im Bus, beim Lesen, bei der Hausarbeit, vor dem Fernseher, überall! Beschränken Sie sich dabei nicht auf Ihren Lernwortschatz, sondern schlagen Sie auch Wörter im Wörterbuch nach, die Ihnen wichtig erscheinen, schreiben Sie sie gleichfalls auf Zettel, und prägen Sie sie sich ein.

1.1 Так вы мóжете воспóльзоваться э́той кни́гой
So benutzen Sie dieses Buch

1. Bearbeiten Sie zunächst dieses Kapitel vollständig.

2. Nach der Bearbeitung des 1. Kapitels wählen Sie aus den anderen Kapiteln Übungen aus – nach Ihrem Belieben und in der von Ihnen gewünschten Reihenfolge.

3. Am Schluss des Buches finden Sie fünf Tests zur Selbstkontrolle. Wenn Sie wollen, können Sie dort Ihre Fortschritte gleich selbst messen.

4. Zur erfolgreichen Arbeit mit diesem Buch benötigen Sie zwei Dinge: ein gutes Wörterbuch und eine Vokabelkartei oder ein Vokabelheft.

5. Benutzen Sie Ihre Vokabelkartei möglichst jeden Tag zum Eintragen neuer Wörter, die Ihnen wichtig erscheinen.

1.2 Ча́сти ре́чи
Wortarten/ -klassen

Die Wörter auf der linken Seite unten werden zu Beginn dieses Buches häufig verwendet. Ordnen Sie sie den Wendungen und Beispielen auf der rechten Seite zu. Tragen Sie Ihre Antworten in die Kästchen unterhalb der Übung ein. Einige sind schon für Sie vorgetragen worden.

1. глагóл
2. (и́мя) существи́тельное
3. (и́мя) прилага́тельное
4. (и́мя) числи́тельное
5. предлóг
6. сою́з
7. идиóма
8. гнездó слов
9. семанти́ческое пóле

a. **Всéго хорóшего!**
b. **Счастли́вого** пути́!
c. **С** пра́здником!
d. Дава́йте, **пойдём** в кинó!
e. Как **дела́?**
f. **Два** биле́та на э́тот сеа́нс, пожа́луйста.
~~g~~. Э́то мой брат, **а** э́то моя́ сестра́.
h. Каки́е вку́сные **я́блоки, гру́ши, бана́ны, лимóны!**
~~i~~. Э́тот **учи́тель** хорошó **у́чит ученикóв.**

1.		2.		3.		4.		5.		6.	g	7.		8.	i	9.	

1.3 Идиомати́чные оборо́ты

Idiomatische Wendungen – Begrüßung, Verabschiedung, Telefonat, Wünsche

Ihren persönlichen Wortschatz können Sie erweitern, indem Sie sich außer Einzelwörtern und Wortgruppen auch feststehende Redewendungen ganzheitlich einprägen. Lernen Sie sie wie Vokabeln. Stellen Sie sich dabei Situationen vor, in denen Sie die Wendungen brauchen.

Ordnen Sie je fünf Wendungen in jede Spalte der nachstehenden Übersicht ein, und schreiben Sie über die vier Spalten die jeweilige gemeinsame Redeabsicht.

Алло́. Больши́х успе́хов! Всего́ хоро́шего! Говори́те ме́дленнее. До́брое у́тро! До́брый ве́чер! До́брый день! До встре́чи. До за́втра. До свида́ния! Жела́ем здоро́вья. Здра́вствуйте! Когда́ перезвони́ть? Нам пора́. Пока́! Приве́т! Слу́шаю. Споко́йной но́чи! Счастли́вого пути́! Э́то говори́т А́нтье.

приве́тствие, проща́ние, *телефо́нный разгово́р*, пожела́ние

телефо́нный разгово́р			
Алло́.	*До́брый день!*	*Пока́!*	*Жела́ем здоро́вья.*

Verwenden Sie in der dargestellten Situation die passende(n) Redewendung(en).

1.4 Выска́зывания и их перифрази́рование
Äußerungen und ihre Umschreibung

Sicher haben auch Sie es schon erlebt, dass Sie einen Gedanken möglichst präzise ausdrücken wollten, doch es fehlten Ihnen dazu die erforderlichen sprachlichen Mittel. Prüfen Sie, ob Ihnen in dem Falle einer der folgenden Tipps hilft, sich verständlich zu machen.

Vereinfachen Sie den Satz. Sagen Sie z.B. statt „Ich freue mich, Ihre Bekanntschaft zu machen." → „Ich bin sehr froh, Sie kennenzulernen." (Я о́чень рад/а с ва́ми познако́миться.) Oder: → „Angenehm, Sie zu sehen." (Прия́тно вас ви́деть!).

Umschreiben Sie die Wörter, die Sie nicht kennen oder die Ihnen entfallen sind, z.B.
Lebensmittelgeschäft → магази́н, в кото́ром мо́жно купи́ть хлеб и ма́сло;
→ магази́н, где продаю́т хлеб и ма́сло.

Versuchen Sie es selbst mit den folgenden Begriffen und solchen, die Sie sich selbst ausdenken: Uhrengeschäft, Maschinenbaubetrieb, Postangestellter, Lehrerin.

Benutzen Sie für unbekannte oder vergessene Wörter verneinte Gegenwörter (Antonyme), z.B. für „langsam" → „nicht schnell" (не бы́стро) oder für „fasten" → „nicht essen" (не есть).
Und nun sind Sie an der Reihe: selten, hässlich, langweilig, sich erholen, schweigen ...

Probieren Sie es mit bedeutungsähnlichen Wörtern, Sie können z.B. anstelle von автомаши́на автомоби́ль oder auch nur маши́на sagen.
Und jetzt Sie: тогда́ oder ...? тут oder ...? стихотворе́ние oder ...? води́тель oder ...? позволя́ть oder ...?

Testen Sie, ob Ihnen geläufige Fremdwörter oder Wörter anderer Fremdsprachen auch im Russischen gebräuchlich sind. Dafür einige Beispiele: Ansehen oder Prestige → прести́ж, Mangel oder Defizit → дефици́т, Geschäftsmann oder Englisch businessman → бизнесме́н, Leiter eines Unternehmens oder Englisch manager → ме́неджер, Bürgersteig oder Französisch trottoir → тротуа́р.
Und nun wieder Sie: Ausfuhr, Einfuhr, Deklaration, Abordnung, die englischen Entsprechungen für (Berg-) Führer und Diapositiv.

Eine weitere Möglichkeit: Verwenden Sie anstelle des unbekannten Begriffs Beispiele, z.B. für Ausländer ру́сские, че́хи, поляки́, für Schriftsteller Гёте, Ши́ллер, Толсто́й.
Umschreiben Sie auf die gleiche Weise folgende Begriffe: Tiere, Blumen, Obst, Sehenswürdigkeiten, Musikinstrumente, Berufe, Verwandte.

1.5 Темати́ческая ле́ксика
Thematischer Wortschatz

Ein gutes Vokabelgedächtnis ist größtenteils das Ergebnis sinnvoller Wortverknüpfungen, denn nach Sachgebieten oder Bedeutungsbeziehungen geordnete Wörter prägen sich schneller und dauerhafter ein als zufällig angeordnete Lexik.

Eine Möglichkeit, Wörter nach thematischen Gesichtspunkten anzuordnen und so ihr Einprägen zu fördern, ist die folgende Darstellung. Erschließen bzw. übersetzen Sie zunächst die hervorgehobenen Wörter und erst danach die ihnen zugeordneten, und lesen Sie sie laut.

ка́чества
у́мная -
ве́рная -
хоро́шая -
зла́я -
молода́я -
ма́ленькая -
...
...

что де́лать с соба́кой?
купи́ть
дресси́ровать
корми́ть
гуля́ть
...
...

спосо́бности
куса́ется
сторожи́т дом
берёт след
...
...

дома́шнее живо́тное

ест
гото́вый корм
мя́со
ко́сти

издаёт зву́ки
ла́ет
га́вкает

внешность (вне́шность)
име́ет
шерсть
  краси́вую
  ...
но́ги
  дли́нные
  ...
у́ши
  дли́нные
  ...
зу́бы
  о́стрые
  ...
хвост

передви́гается
бе́гает
пла́вает
пры́гает

живёт/спит
в бу́дке
в корзи́не
...

Können Sie der Zusammenstellung noch andere Wörter hinzufügen?

Stellen Sie nach obigem Muster Wortschatz über Katzen zusammen.
Hier einige Wortverbindungen, die Ihnen das Zuordnen erleichtern: гла́дить по ше́рсти; ест ры́бу/мыше́й, пьёт молоко́; ти́хо мяу́кает; игра́ет в мяч, ло́вит мыше́й и птиц; о́стрые ко́гти, чёрные ла́пки.

1.6 Слова́-партнёры и анто́нимы

Partner- und Gegenwörter

Sie können auch das Einprägen sowie Behalten neuer Wörter dadurch fördern, dass Sie sie z.T. einem Partner- oder einem Gegenwort zuordnen.

1. Ordnen Sie die Bezeichnungen für Familienmitglieder paarweise, und ergänzen Sie in mehreren Fällen das fehlende Partnerwort.

ба́бушка, брат, дочь, дя́дя, ма́ма, оте́ц, праде́душка, сестра́, сын, тётя

он	она́

2. Finden Sie das zugehörige weibliche Partnerwort nach folgenden Mustern:

1. учи́тель - учи́тельница 2. учени́к - учени́ца 3. журнали́ст – журнали́стка

арти́ст, воспита́тель, гандболи́ст, одноклá́ссник, пиани́ст, писа́тель, победи́тель, проводни́к, слу́шатель, собесе́дник, соли́ст, телефони́ст, уча́стник, худо́жник, чита́тель

3. Ordnen Sie die Personenbezeichnungen den Ortsangaben zu.

гимна́стка, журнали́ст, кло́ун, космона́вт, матро́с, продавщи́ца, студе́нтка, теннисист, учени́ца, футболи́ст, чита́тель

Герма́ния	– *не́мка*	мо́ре	–	ко́смос	–
университе́т	–	библиоте́ка	–	шко́ла	–
стадио́н	–	спортза́л	–	корт	–
магази́н	–	реда́кция	–	цирк	–

4. Finden Sie für die drei Geschäfte einen Namen, und schreiben Sie auf, was dort verkauft wird.

~~блу́зки~~, брю́ки, вино́, во́дка, джи́нсы, дива́н, кефи́р, конья́к, костю́мы, кре́сла, ку́ртки, ла́мпы, ликёры, пи́во, пальто́, пла́тья, по́лки, со́ки, сте́нки, столы́, сту́лья, шампа́нское, шкафы́, ю́бки

1. ______________	2. ______________	3. ______________
блу́зки	....	....
....	....	....
....	....	....
....	....	....
....	....	....
....	....	....
....	....	....
....	....	....
....	....	....

5. Finden Sie für Personenbeschreibungen Eigenschaftswörter mit entgegengesetzter Bedeutung.

молодо́й	ма́ленький	некраси́вый
серьёзный	у́мный	ску́чный
нескро́мный	приле́жный	бесстра́стный
молчали́вый	гру́бый	акти́вный
нече́стный	безотве́тственный	трусли́вый

1.7 Ле́сенка слов

Wörtertreppe

Ein nützliches Mittel gegen das Vergessen ist die Wörtertreppe, die Ihnen zugleich hilft, sich über Bedeutungsunterschiede klar zu werden. Hier ein Beispiel:

гига́нтский
огро́мный
кру́пный
большо́й
небольшо́й
нема́ленький
ма́ленький
кро́шечный

Analog dazu können auch Sie Wörter mit ähnlicher Bedeutung auf einer Treppe aufsteigend anordnen. Probieren Sie es einmal mit den Wörtern бежа́ть, гуля́ть, е́хать, идти́, лете́ть, плыть, спеши́ть.

Sie können die Treppe selbstverständlich auch wieder von oben nach unten hinabsteigen. Versuchen Sie das, indem Sie внук, де́душка, оте́ц, пра́внук, праде́душка, сын absteigend anordnen.

Finden Sie nun so viele Stufen wie möglich mit den Wörtern: краси́вый, ску́чный, мать und мужчи́на.

1.8 Ло́жные друзья́
Falsche Freunde

Falsche Freunde meinen es selten gut mit Ihnen, seien Sie also auf der Hut. Das gilt übrigens auch für bestimmte russische Wörter, die Sie wegen ihrer Ähnlichkeit mit anderen deutschen oder russischen Wörtern oder aufgrund fehlender Differenzierung in der einen oder anderen Sprache schnell einmal verwechseln können.

Zu den falschen Freunden gehört z.B. das Wort фи́зик, das nicht – wie Sie vielleicht glauben – die Physik, sondern den Physiker bezeichnet, denn Physik heißt auf Russisch фи́зика. Genauso verhält es sich mit den Wörtern те́хник und те́хника.
Welches dieser Wörter passt in welche Lücke?

.... игра́ет большу́ю роль в его́ жи́зни. Он по профе́ссии .... , ... идеа́льная профе́ссия для него́. .... интересу́ет его́ не то́лько на строи́тельстве, но и в свобо́дное вре́мя, осо́бенно строи́тельн__..........................

Vorsicht, falsche Freunde! Übersetzen Sie richtig.
1. фами́лия, 2. га́лстук, 3. гастроно́м, 4. бутербро́д, 5. котле́та, 6. абоне́нт, 7. ко́нкурс, 8. манеке́н, 9. реклами́ровать

Testen Sie sich selbst: Unter den vorgestellten „falschen Freunden“ bezeichnen drei Personen. Welche sind das? Schreiben Sie sie auf.

1.9 После́довательность де́йствия
Handlungsketten

Bei dieser Wortschatzübung kommentieren Sie eine beliebige Handlung, die aus mehreren Teilschritten besteht, z.B. wie Sie einen Brief beantworten.
Я чита́ю письмо́. → Я пишу́ да́ту. → Я пишу́ обраще́ние. → Я благодарю́ за письмо́. → Я пишу́, что но́вого. → Я отвеча́ю на вопро́сы из письма́. → Я спра́шиваю о собы́тиях, кото́рые бы́ли и́ли бу́дут. → Я конча́ю письмо́. → Я передаю́ приве́т. → Я подпи́сываю письмо́. → Я перечи́тываю письмо́. → Я вкла́дываю письмо́ в конве́рт. → Я закрыва́ю конве́рт. → Я пишу́ а́дрес и а́дрес отправи́теля на конве́рте. → Я накле́иваю ма́рку на конве́рт.

Versuchen Sie in möglichst vielen Einzelschritten zu kommentieren, was Sie tun, wenn Sie zur Post gehen, um von dort zu telefonieren. Beginnen Sie so: У нас нет телефо́на до́ма. → Я иду́ на по́чту. → ...

1.10 Слова́ с по́мощью рису́нков

Wörter durch Bilder

Auch mit Hilfe von Bildern können Sie sich Wörter einprägen! Verschiedene Übungen in diesem Buch verwenden Bilder. Sie können sich aber auch Ihr persönliches Bildwörterbuch zusammenstellen, z. B. Bilder aus Zeitschriften ausschneiden oder auch selbst zeichnen. Dazu muss man nicht unbedingt künstlerisch begabt sein.

Schreiben Sie die folgenden 12 Eigenschaften unter das jeweils passende Gesicht.

краси́вый	весёлый	гру́стный	реши́тельный
трусли́вый	приве́тливый	за́мкнутый	разгово́рчивый
темпера́ментный	интере́сный	ску́чный	злой

 1.	 2.	 3.	 4. ....
 5.	 6.	 7.	 8. ....
 9.	 10.	 11.	 12. ....

2. Kapitel

Гру́ппы слов

Wortgruppen

1. Lernen Sie die Wörter in Gruppen.

Versuchen Sie, Wörter in Gruppen zu lernen.
Zum Beispiel:

- Wörter für Kleidungsstücke
- Wörter für Berufe
- Wörter für Sportarten

2. Stellen Sie Wortgruppen in Ihrer Vokabelkartei zusammen.

In diesem Kapitel sollen Sie Wörter in Gruppen zusammenfassen. Sie können die Übersetzung neben jedes Wort einer Gruppe schreiben.

2.1 Какóе слóво к какóй тéме подхóдит?

Welches Wort passt zu welchem Thema?

Ihren persönlichen Wortschatz können Sie erweitern, indem Sie zu einem bestimmten Thema alle Wörter, die Ihnen einfallen, aufschreiben. Diese Listen können Sie jederzeit ergänzen.

Nachstehend finden Sie je fünf Wörter aus acht verschiedenen Themenbereichen. Tragen Sie sie in die unten stehende tabellarische Übersicht ein, und schreiben Sie die Themen darüber.

аккордеóн	буддúзм	вéжливость	гитáра	глаз
дворéц	ислáм	иудаúзм	кúборд	~~кóла~~
колбасá	комéдия	кóфе	крéпость	лимонáд
лицó	~~мáсло~~	мёд	~~музéй~~	ногá
нос	пúво	плóщадь	правослáвие	предприúмчивость
расскáз	~~ромáн~~	~~рукá~~	скáзка	сок
страх	сыр	трагéдия	трудолюбие	~~флéйта~~
фортепьяно	хлеб	христиáнство	цéрковь	чéстность

1. *напúтки*	2.	3.	4. ....
кóла	*мáсло*	*ромáн*	*флéйта*
5.	6.	7.	8. ....
рукá	*чéстность*	*христиáнство*	*музéй*

Kennen Sie noch andere Wörter, die Sie den einzelnen Themen hinzufügen können?

2.2 Како́е сло́во здесь отсу́тствует?
Welches Wort fehlt hier?

Verschiedentlich bilden Wortgruppen abgeschlossene Reihen. In diesen Fällen ist es bei relativ gut überschaubaren Reihen zu empfehlen, sich die ganze Wortreihe einzuprägen.

Welche Wörter fehlen in diesen Reihen?

- оди́н, два, три, пять, шесть, семь, во́семь, де́сять, двена́дцатъ, пятна́дцать
- де́сять, два́дцатъ, три́дцать, пятьдеся́т, шестьдеся́т, се́мьдесят, во́семьдесят, сто
- пе́рвый, второ́й, четвёртый, пя́тый, шесто́й, восьмо́й, деся́тый, двена́дцатый
- весна́, ле́то, зима́
- янва́рь, февра́ль, апре́ль, май, ию́ль, а́вгуст, сентя́брь, октя́брь, дека́брь
- понеде́льник, вто́рник, четве́рг, пя́тница, воскресе́нье
- се́вер, восто́к, за́пад
- А́зия, Аме́рика, А́фрика, Евро́па
- балко́н, гости́ная, де́тская, кабине́т, ку́хня, терра́са, туале́т
- аппарату́ра, клавиату́ра, мышь, экра́н
- анекдо́ты, ба́сня, дневни́к, коме́дия, пи́сьма, по́весть, посло́вицы, ска́зка, стихи́
- детекти́в, документа́льный фильм, кинокоме́дия, мультфи́льм, три́ллер

Welche anderen Reihen lassen sich bilden?

2.3 Чи́сла
Zahlen

1. Schreiben Sie die folgenden Zahlen vor das entsprechende Wort.

0, $^1/_4$, $^1/_3$, $^1/_2$, $^3/_4$, 1, 2, $2^1/_2$, 5, 15, 50, 55, 90, 100, 200, 320, 540, 1000, 2000, 5000

1.	.....	(одна́) че́тверть	11.	.....	пять ты́сяч
2.	.....	пятна́дцать	12.	.....	ноль
3.	.....	пятьдеся́т	13.	.....	пятьсо́т со́рок
4.	.....	(одна́) треть	14.	.....	пять
5.	.....	две ты́сячи	15.	.....	(одна́) полови́на
6.	.....	две́сти	16.	.....	девяно́сто
7.	.....	оди́н, одна́, одно́	17.	.....	пятьдеся́т пять
8.	.....	(одна́) ты́сяча	18.	.....	два, две
9.	.....	два/две с полови́ной	19.	.....	три че́тверти
10.	.....	сто	20.	.....	три́ста два́дцать

Verdecken Sie jetzt die Wörter, und sprechen Sie die Zahlwörter laut.

2. Setzen Sie ein: Оди́н, одна́ oder одно́? Два oder две?

..... кни́га	..... кни́ги	..... расска́з	..... расска́за
..... стихотворе́ние	..... ба́сня	..... слова́рь	..... письмо́
..... стихотворе́ния	..... ба́сни	..... словаря́	..... письма́

3. Schreiben Sie vor das Substantiv das jeweils vorgegebene Ordnungszahlwort. Achten Sie darauf, dass das Geschlecht des Ordnungszahlwortes mit dem des Substantivs übereinstimmt.

1.	(1)	.... эта́ж	.... кварти́ра	.... ме́сто
2.	(2)	....	....	....
3.	(3)	....	....	....
4.	(4)	....	....	....
5.	(6)	....	....	....
6.	(20)	....	....	....
7.	(27)	....	....	....
8.	(40)	....	....	....
9.	(50)	....	....	....
10.	(100)	....	....	....

2.4 Шко́льные го́ды
Schulzeit

Ordnen Sie die folgenden Wörter der entsprechenden Kategorie zu, und ergänzen Sie sie durch weitere passende Wörter.

видеомагнитофо́н, воспита́тель, гимна́зия, говори́ть, дво́йка, договори́тесь, едини́ца, исто́рия, калькуля́тор, кассе́тник, матема́тика, нача́льная шко́ла, озагла́вьте, перево́д, петь, прочита́йте, реа́льная шко́ла, ру́сский язы́к, слова́рь, слу́шать, сочине́ние, телеви́зор, упражне́ние, уче́бник, учени́ца, учи́тель, шестёрка

шко́лы	**предме́ты**	**зада́ния**
лю́ди	**звукова́я те́хника**	**принадле́жности для ученико́в**
отме́тки	**глаго́лы**	**оборо́ты ре́чи**
	.... пе́сни .... по-ру́сски .... кассе́ту	

2.5 Мужчи́ны и же́нщины

Männer und Frauen

Wenn wir im Russischen Nomen benutzen, um über Männer und Frauen zu sprechen, stehen uns für beide Geschlechter nicht immer zwei unterschiedliche Wörter zur Verfügung, wie das z.B. bei сын und дочь der Fall ist. Prägen Sie sich deshalb besonders gut die Personenbezeichnungen ein, die für beide Geschlechter verwendet werden.

Tragen Sie die folgenden Wörter in die entsprechende Spalte der Tabelle ein.

агроно́м	администра́тор	альпини́ст	альпини́стка	био́лог
бухга́лтер	гитари́ст	гитари́стка	дире́ктор	журнали́ст
журнали́стка	инвали́д	колле́га	конькобе́жец	конькобе́жка
крестья́нин	крестья́нка	легкоатле́т	ме́неджер	партнёр
партнёрша	пев́ец	певи́ца	пересел́енец	пересел́енка
пиани́ст	пиани́стка	продав́ец	продавщи́ца	работода́тель
сирота́	сосе́д	учи́тельница	фи́зик	юри́ст

мужчи́ны	же́нщины	мужчи́ны и же́нщины

Ergänzen Sie möglichst noch weitere Wörter dieser Art.

2.6 Семья́ и родство́

Familie und Verwandtschaft

Sehen Sie sich den folgenden Ausschnitt aus einem Familienstammbaum aufmerksam an, und ergänzen Sie die fehlenden Bezeichnungen von Familienmitgliedern und Verwandten.

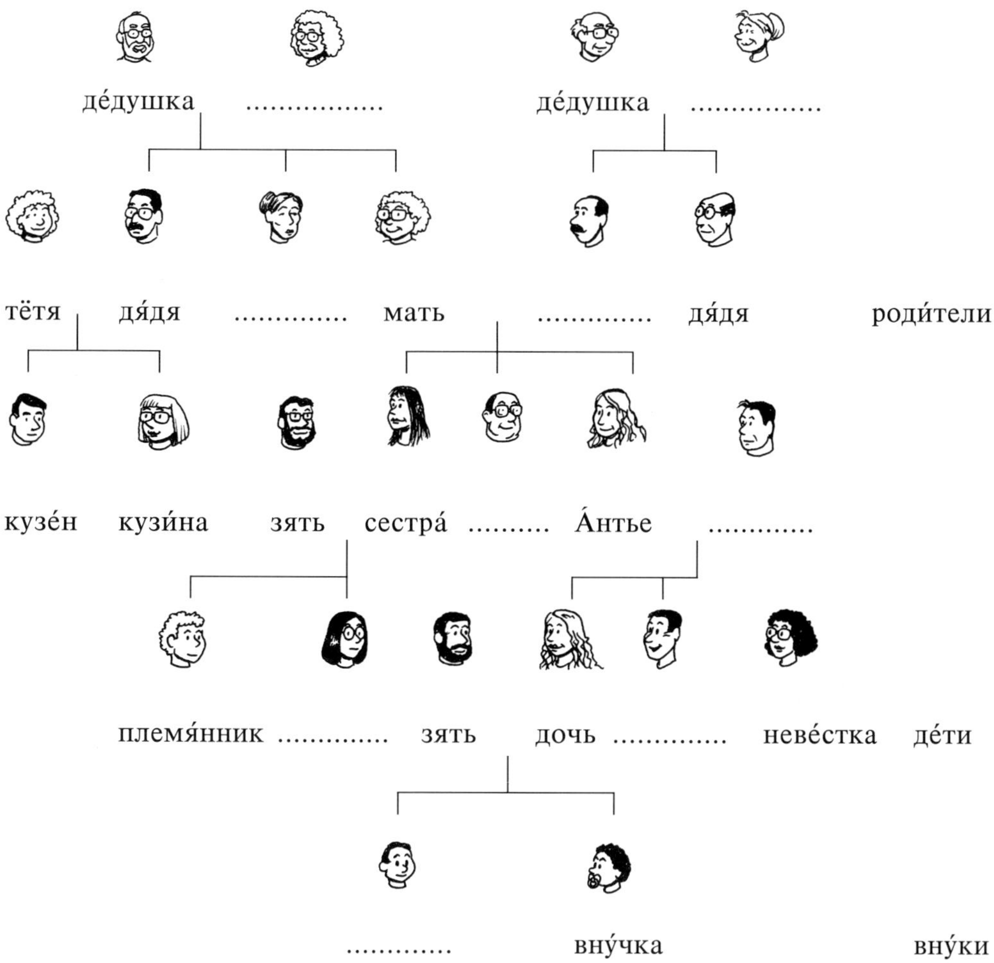

Schreiben Sie nach diesem Beispiel Ihren eigenen Stammbaum auf.

2.7 Профе́ссии
Berufe

1. Markieren oder notieren Sie aus dem Buchstabenfeld wenigstens 15 Berufsbezeichnungen.

а	р	с	т	а	к	т	р	и	с	а
в	е	л	в	р	а	ч	у	н	о	р
к	м	е	н	е	д	ж	е	р	л	х
а	е	с	а	г	р	о	т	и	д	и
м	с	а	б	и	о	л	о	г	а	т
е	л	р	а	д	в	о	к	а	т	е
н	е	ь	р	к	и	м	а	р	е	к
щ	н	т	а	с	к	а	р	т	х	т
и	н	ж	е	н	е	р	ь	и	н	о
к	и	с	т	о	р	и	к	с	и	р
э	к	о	н	о	м	и	с	т	к	а

2. Finden Sie in den Namen die versteckten Berufsbezeichnungen, und schreiben Sie sie auf.
Beispiel: Е.Ч. Деприков – *переводчик*

Р. Е. Женин .... Р. Д. Цепова ....
И. Ф. Цотакина .... А. Т. Боцарин ....

3. Erschließen Sie die Berufsbezeichnungen mit Hilfe des entschlüsselten Wortes und der Ziffern.

1 – 2 – 3 – 4 – 5 – 6 – 7 – 8 – 9	*журнали́ст*
7 – 4 – 1 – 10 – 4 – 10 – 3	_ _ _ _ _ _ _ _ _ _ _ _ _ _ _ _ _ _ _ _
8 – 6 – 10 – 8 – 5 – 3 – 11	_ _ _ _ _ _ _ _ _ _ _ _ _ _ _ _ _ _ _ _
12 – 7 – 8 – 5 – 9 – 10 – 6 – 11	_ _ _ _ _ _ _ _ _ _ _ _ _ _ _ _ _ _ _ _
5 – 12 – 9 – 10 – 13 – 5 – 3 – 11	_ _ _ _ _ _ _ _ _ _ _ _ _ _ _ _ _ _ _ _
14 – 12 – 9 – 7 – 13	_ _ _ _ _ _ _ _ _ _ _ _ _ _ _ _ _ _ _ _
8 – 14 – 6 – 15 – 5 – 9	_ _ _ _ _ _ _ _ _ _ _ _ _ _ _ _ _ _ _ _
9 – 10 – 16 – 4 – 7 – 13	_ _ _ _ _ _ _ _ _ _ _ _ _ _ _ _ _ _ _ _
3 – 10 – 17 – 10 – 8 – 6 – 10 – 4 – 4 – 7 – 13	_ _ _ _ _ _ _ _ _ _ _ _ _ _ _ _ _ _ _ _
17 – 14 – 3 – 18 – 13	_ _ _ _ _ _ _ _ _ _ _ _ _ _ _ _ _ _ _ _

2.8 Глаго́лы движе́ния

Verben der Bewegung

Ordnen Sie die unten aufgeführten Verben der Bewegung den im Bild dargestellten Personen richtig zu.

бе́гать, ходи́ть, ла́зать, лови́ть, носи́ть, па́дать, поднима́ть, подска́кивать, по́лзать, потя́гиваться, прислоня́ть, пры́гать, роня́ть, сиде́ть, толка́ть, тяну́ть

2.9 Цвета́

Farben

Wollen Sie das Aussehen bestimmter Gegenstände oder Personen beschreiben, so benötigen Sie dafür relativ häufig Farbadjektive.

1. Platzieren Sie die folgenden Adjektive auf einer Worttreppe absteigend vom Dunklen zum Hellen.

чёрный, жёлтый, бе́лый, кори́чневый, кра́сный, ора́нжевый, си́ний

2. Kreuzen Sie die Farbe an, die Sie hier den anderen Farben vorziehen.

Я люблю́ кра́сный | жёлтый | зелёный | голубо́й | си́ний | бе́лый цвет;

кра́сные | жёлтые | бе́лые | ро́зовые | ора́нжевые ро́зы;

чёрные | ру́сые | кашта́новые | белоку́рые | седы́е во́лосы;

си́ние | голубы́е | ка́рие | се́рые | зелёные глаза́.

3. Ergänzen Sie die Vergleiche durch passende Farbadjektive.

.... ый как снег	.... ая как ночь
.... ое как не́бо	.... ее как мо́ре
.... ое как со́лнце	.... ая как ёлка
.... ая как фиа́лка	.... ое как кака́о
.... ая как кровь	.... ый как волк

2.10 Повседне́вные ве́щи
Dinge des Alltags

Schreiben Sie die Wörter unter das entsprechende Bild.

биле́т	расчёска	де́ньги	журна́л	зубна́я щётка
календа́рь	калькуля́тор	каранда́ш	ключ	креди́тная ка́рточка
конве́рт	кошелёк	ма́рка	моне́ты	носово́й плато́к
но́жницы	очки́	ру́чка	часы́	чек

1.	2.	3.	4.
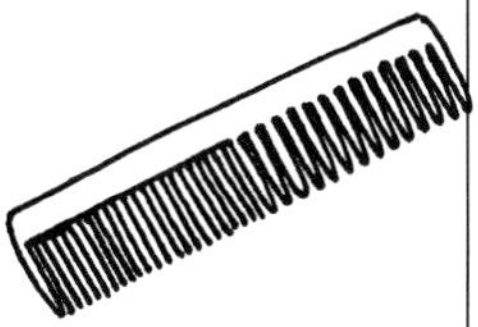		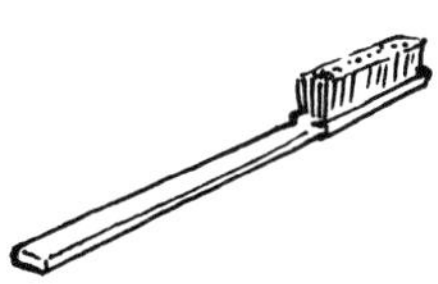	
5.	6.	7.	8.
	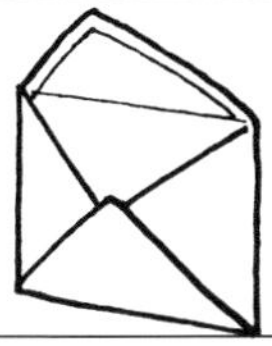		
9.	10.	11.	12.
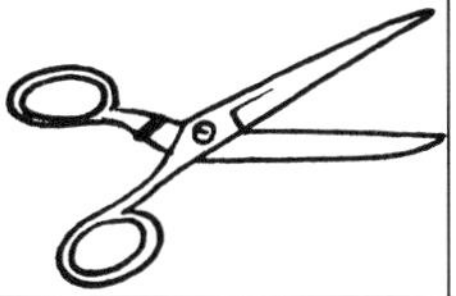			
13.	14.	15.	16.
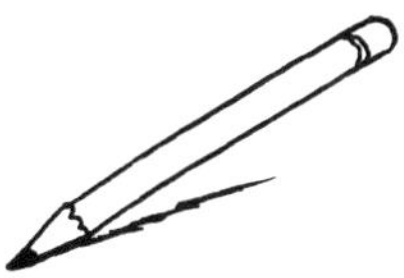			
17.	18.	19.	20.

2.11 Живо́тные

Tiere

1. Schreiben Sie die Tiernamen unter das entsprechende Bild.

бегемо́т, бе́лка, за́яц, кит, лиса́, обезья́на, осёл, слон

1.	2.	3.	4. ....

5.	6.	7.	8. ....

2. Schreiben Sie aus dem Buchstabenfeld möglichst viele der 21 darin versteckten Tiernamen heraus.

з	е	б	р	а	б	е	л	к	а
а	л	е	в	с	у	л	ю	к	с
я	в	о	л	к	т	и	г	р	л
ц	е	б	и	р	к	с	т	о	е
к	р	е	с	о	а	т	р	б	о
р	б	г	а	к	у	л	а	е	п
о	л	е	в	о	с	ё	л	з	а
л	ю	м	е	д	в	е	д	ь	р
и	д	о	ж	и	р	а	ф	я	д
к	и	т	с	л	о	н	о	н	ё
н	о	с	о	р	о	г	б	а	ж

3. Kennen Sie auch diese Tiere?

аку́ла, во́рон, гусь, канаре́йка, коро́ва, ко́шка, ло́шадь, попуга́й, селёдка, соба́ка, солове́й, хомя́к, черепа́ха, щу́ка

4. Ordnen Sie Tiernamen in die Tabelle ein.

дома́шние живо́тные	ди́кие живо́тные	ры́бы	пти́цы

2.12 Расте́ния

Pflanzen

Schreiben Sie die Namen der Obst-, Beeren-, Blumen-, Gemüse- und Baumarten unter das entsprechende Bild.

ви́шня, гру́ша, сли́ва, я́блоко; клубни́ка, крыжо́вник, мали́на, сморо́дина; гвозди́ки, незабу́дки, подсне́жники, сире́нь; бобы́, горо́х, капу́ста, морко́вь; берёза, дуб, ёлка, ли́па

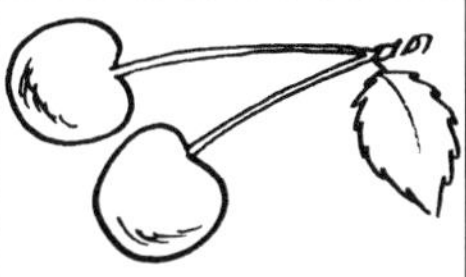			
1.	2.	3.	4. ....
			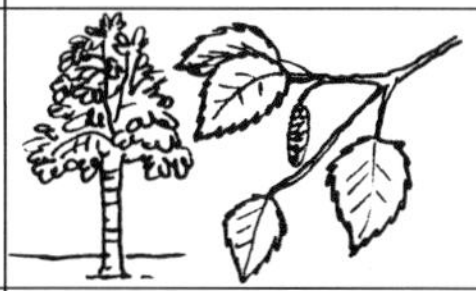
5.	6.	7.	8. ....

9.	10.	11.	12. ....
		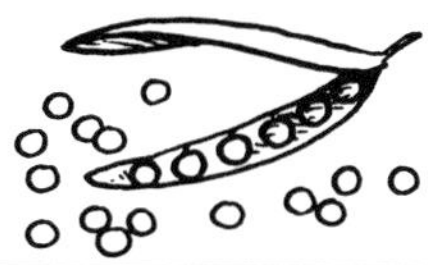	
13.	14.	15.	16. ....
		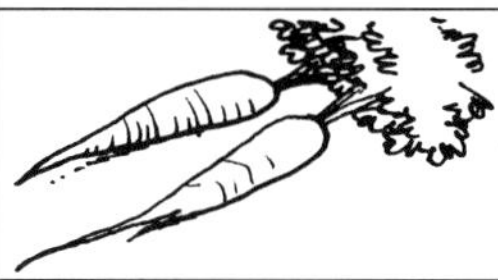	
17.	18.	19.	20. ....

Wandeln Sie die Sätze mit unterschiedlichen Beispielen möglichst mehrmals ab.

У нас расту́т *я́блоки.*
У нас не расту́т *бана́ны.*
В саду́ я собира́ю *сморо́дину.*

2.13 Ви́ды спо́рта

Sportarten

1. Schreiben Sie die Bezeichnungen für die folgenden Sportarten unter das entsprechende Bild.

бег, бо́бслей, борьба́, велоспо́рт, футбо́л, бадминто́н, гре́бля, ко́нный спорт, парашюти́зм, гольф, лёгкая атле́тика, пла́вание, стрельба́, гимна́стика, во́дное по́ло, фигу́рное ката́ние, хокке́й, альпини́зм, ша́шки, волейбо́л

1.	2.	3.	4. ....
	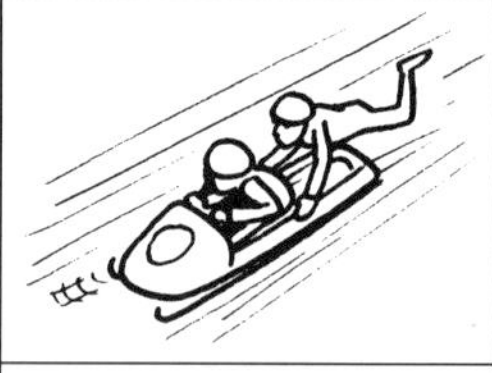		
5.	6.	7.	8. ....

9.	10.	11.	12. ....

13.	14.	15.	16. ....

17.	18.	19.	20. ....

2. Finden Sie in dem Buchstabenfeld 17 Bezeichnungen von Sportarten, und markieren Sie diese, oder schreiben Sie sie heraus.

г	о	л	ь	ф	у	т	б	о	л
и	б	е	г	е	р	е	а	п	у
м	о	ш	п	х	е	н	с	о	г
н	р	а	и	т	г	н	к	н	р
а	ь	ш	н	о	б	и	е	г	е
с	б	к	г	в	и	с	т	б	б
т	а	и	г	а	н	д	б	о	л
и	с	т	а	н	е	ц	о	к	я
к	е	г	л	и	р	г	л	с	т
а	с	т	р	е	л	ь	б	а	д

3. Ordnen Sie die Sportarten folgenden Kategorien zu.

спорти́вные и́гры	борьба́	во́дный спорт	зи́мний спорт	други́е ви́ды спо́рта

2.14 Одéжда и мóдные украшéния

Kleidung und Modeschmuck

1. Schreiben Sie die Bezeichnungen für die folgenden Kleidungsstücke und für Modeschmuck unter das entsprechende Bild.

браслéт, брю́ки, бу́сы, жилéт, колгóтки, кольцó, кóфта, ку́ртка, мáйка, носкú, перчáтки, пиджáк, плáтье, пóяс, сандалéты, тýфли, халáт, чулкú, шарф, ю́бка

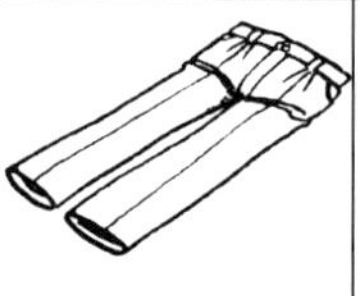		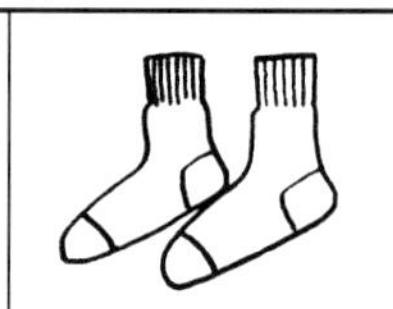	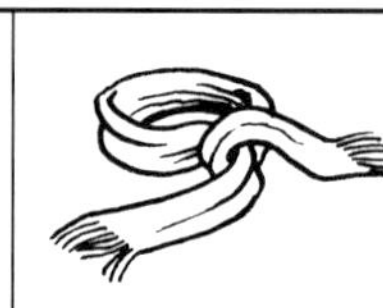	
1.	2.	3.	4.	5. ....
	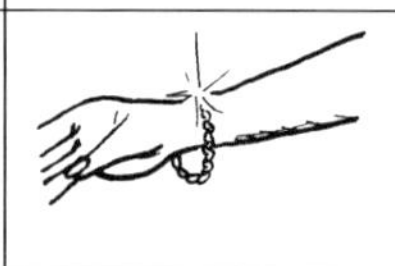			
6.	7.	8.	9.	10. ....
	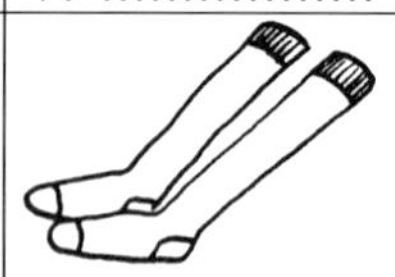			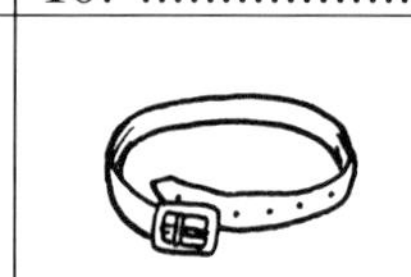
11.	12.	13.	14.	15. ....
	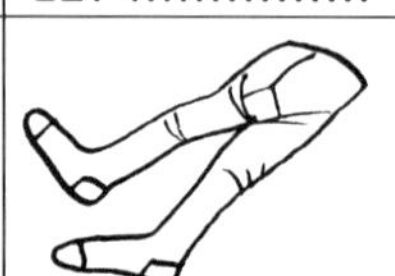	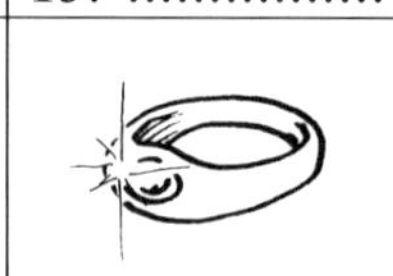		
16.	17.	18.	19.	20..................

2. Erraten Sie die Wörter, die Kleidungs- und Schmuckstücke bezeichnen, mit Hilfe des entschlüsselten Wortes und der Ziffern.

1–2–3–4–2–5–6–7–8 *сандалéты*
9-5-2-7-10-6 ....
9-2-5-10-7-11 ....
9-5-2-7-11-12 ....

12- 11-5-10-13-11 ....
5-11-1-14-3-8 ....
15-14-12-14-3-14 ....
15-16-1-8 ....

3. Kapitel

Те́мы

Themen

1. Werden Sie „Wortsammler“!

Manche Menschen sammeln Briefmarken, die sie nach Motiven oder Themen ordnen. Warum sollte man das nicht auch mit **Wörtern** tun?

2. Zeichnen Sie Ihren eigenen Wortbaum.

Schauen Sie sich den Wortbaum auf Seite 39 an. Alle dort eingetragenen Begriffe ranken sich um ein bestimmtes Thema wie Äste und Blätter an einem Baum. Auf diese Weise lassen sich die Begriffe leichter einprägen.

3. Benutzen Sie Bilder.

Manche Wörterbücher benutzen Bilder zur Erklärung von Begriffen. Schneiden Sie Bilder aus und kleben Sie sie auf Karteikarten. Tragen Sie dann die Wörter zu den Bildern ein.

3.1 Вре́мя

Uhrzeit

Sie fragen nach der Uhrzeit: Кото́рый час?
Bei offiziellen Uhrzeitangaben werden – wie im Deutschen auch – zuerst die Stunden, dann die Minuten genannt:

(1), 21	**час**	1, 21, 31 ...	мину́та →		час 41 мину́та
2, 3, 4, 22, 23, 24	часа́	2, 3, 4, 22, 23, 24 ...	мину́ты →		22 часа́ 4 мину́ты
5-20	часо́в	25-30, 35-40 ...	мину́т →	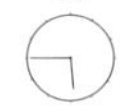	17 часо́в 45 мину́т

In der Umgangssprache wird die Uhrzeit zwischen 5 und 6 wie folgt wiedergegeben:

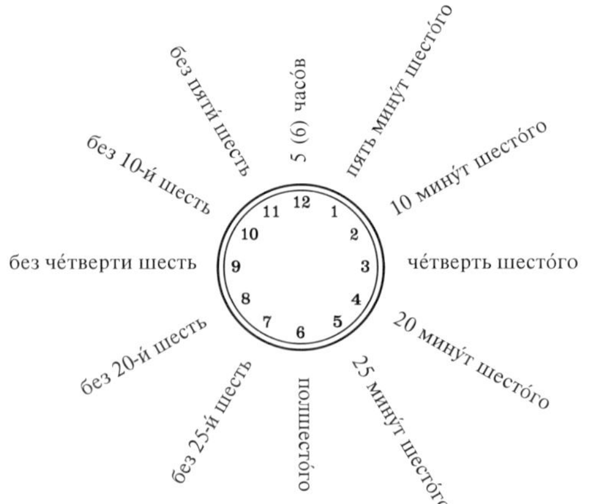

Schreiben Sie die Uhrzeit unter die Uhren. Verwenden Sie zunächst die offizielle und dann die umgangssprachliche Uhrzeitangabe.

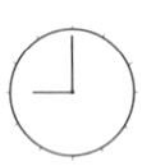

1. ....
....

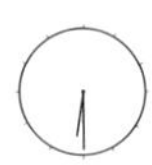

2. ....
....

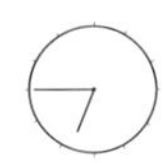

3. ....
....

4. ....
....

5. ....
....

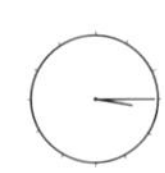

6. ....
....

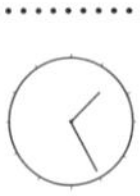

7. ....
....

8. ....
....

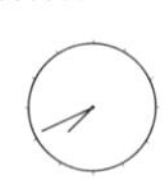

9. ....
....

3.2 Да́ты и год
Datums- und Jahresangaben

Beachten Sie, wie das Datum im Russischen gebildet wird:
Како́<u>е</u> число́? пе́рв<u>ое</u> января́
Когда́? пе́рв<u>ого</u> января́

1. Wie sagt man folgende Daten?
1. Како́е число́?
   01.01. (день Но́вого го́да)
   29.02. (ка́ждые четы́ре го́да)
   24.12. (Рождество́)
   Мой день рожде́ния ...
   Национа́льный пра́здник в на́шей стране́ ...
2. Когда́?
   Но́вый год начина́ется ...
   У нас пра́зднуют Рождество́ ...
   Я роди́лся/родила́сь ...

Nach Jahresangaben fragen Sie allgemein Когда́ ...? und gezielt В како́м году́ ...?
Beachten Sie, wie die Jahreszahlen im Russischen gebildet werden:
im Jahre 1999 – в ты́сяча девятьсо́т девяно́сто девя́т<u>ом</u> году́.
Nur die letzte Ziffer ist eine Ordnungszahl und stimmt mit году́ in Geschlecht, Fall und Zahl überein.

2. Ordnen Sie zunächst die Jahreszahlen den Ereignissen zu. Schreiben Sie dann die Jahreszahlen aus.
a. 1812 b. 1917 c. 1945 d. 1991 e. ....

1. Коне́ц второ́й мирово́й войны́ был ....
2. Оте́чественная война́ была́ ....
3. Октя́брьская револю́ция была́ ....
4. Распа́д СССР был ....
5. Сле́дующие ле́тние Олимпи́йские и́гры бу́дут ....

Wollen Sie der Jahreszahl den Monat oder das genaue Datum hinzufügen, steht die Ordnungszahl bei der Jahresangabe im Genitiv:
im Mai 1999 – в ма́е ты́сяча девятьсо́т девяно́сто девя́т<u>ого</u> го́д<u>а</u>
am 10. Mai 1999 – деся́то<u>го</u> ма́<u>я</u> ты́сяча девятьсо́т девяно́сто девя́т<u>ого</u> го́д<u>а</u>

3. Versuchen Sie den Zeitpunkt der o.g. Ereignisse zu präzisieren, indem Sie Monat und Jahr angeben.
a. дека́брь b. ноя́брь c. май d. дека́брь e. ....

3.3 Места́ и предло́ги

Orte und Präpositionen

Ortsangaben werden Ihnen sehr häufig abverlangt, größtenteils in Verbindung mit bestimmten Präpositionen.

1. Schreiben Sie hinter die folgenden Ortsangaben die entsprechende Ziffer von dem Bildausschnitt.

пе́ред окно́м ( ), спра́ва от окна́ ( ), на телеви́зоре ( ), у стены́ ( ), над дива́ном ( ), ме́жду портре́тами ( ), на дива́не ( ), за столо́м ( ), под столо́м ( ), вокру́г стола́ ( ), напро́тив дива́на ( )

2. Ordnen Sie die Satzhälften auf der rechten Seite der passenden Hälfte auf der linken Seite zu. Tragen Sie Ihre Antwort in die darunterstehenden Kästchen ein.

1. Вы мóжете жить
2. Вы мóжете получи́тъ две кóмнаты
3. Вы мóжете слу́шать нóвости
4. Вы мóжете изуча́ть медици́ну
5. Вы мóжете éздить на рабóту
6. Вы мóжете пóльзоваться стоя́нкой
7. Вы мóжете обéдать
8. Вы мóжете вы́слать факс

а. из óфиса.
б. напрóтив университéта.
в. в дóме недалекó от цéнтра.
г. на велосипéде.
д. в столóвой.
е. по ра́дио.
ж. в университéте.
з. на четвёртом этажé.

1.		2.		3.		4.		5.		6.		7.		8.	

3. Machen Sie Angaben zu Ihrer Person. Wählen Sie dazu die passenden (Orts)-Angaben aus.

1. Я родила́сь/роди́лся ...
а) в дерéвне. б) в ма́леньком гóроде. в) в большóм гóроде.

2. Я вы́рос/ла
а) у роди́телей. б) у рóдственников. в) в дéтском ...

3. Я живу́
а) недалекó от цéнтра. б) далекó от цéнтра. в) в цéнтре.

4. Моя́ кварти́ра/кóмната нахóдится
а) на пéрвом этажé. б) на трéтьем этажé. в) на ...ом этажé.

5. Я учу́сь/учи́лась/учи́лся
а) в реа́льной шкóле. б) в óбщей шкóле. в) в гимна́зии.

6. В э́том году́ я бу́ду проводи́ть кани́кулы/óтпуск
а) на рóдине. б) в Землé ... в) за грани́цей.

3.4 Вре́мя и предло́ги
Zeitangaben und Präpositionen

Ordnen Sie die Zeitangaben dem chronologischen Ablauf des Geschehens entsprechend zu. Tragen Sie die Ziffern unter die markierten Punkte in der Klammer ein.

в нача́ле о́тпуска (1), пе́ред о́тпуском (2), во вре́мя о́тпуска (3), по́сле о́тпуска (4), в конце́ о́тпуска (5)

о́тпуск

_______|_______|_______|_______|_______|_______
( ) ( ) ( ) ( ) ( )

Stellen Sie nach vorstehendem Beispiel für die chronologische Darstellung des Zeitablaufs eines Geschehens Satzanfänge zusammen.

Verwenden Sie z.B. экза́мен/ы, путеше́ствие, премье́ра.

Ordnen Sie die Satzhälften auf der rechten Seite der passenden Hälfte auf der linken Seite zu. Tragen Sie Ihre Antwort in die darunterstehenden Kästchen ein.

1. Вы должны́ сдать экза́мены	а. на про́шлой неде́ле.
2. Вы проведёте экску́рсию	б. с утра́ до ве́чера.
3. Поздравля́ю, вы успе́шно сда́ли экза́мены	в. че́рез три го́да.
4. Вы мо́жете прие́хать ко мне	г. за четы́ре го́да.
5. Вы мо́жете отдохну́ть	д. по понеде́льникам.
6. Вы мо́жете игра́ть в волейбо́л	е. по́сле оконча́ния шко́лы.
7. Вы мо́жете учи́ться на сле́саря	ж. во вре́мя кани́кул.
8. Вы око́нчите обуче́ние	з. на бу́дущей неде́ле.

1.		2.		3.		4.		5.		6.		7.		8.	

3.5 Лю́ди
Menschen

Fügen Sie das jeweils am besten passende Wort in die Sätze ein.

1. На́ша шко́ла но́сит и́мя Чайко́вского. Э́то знамени́тый ру́сский ....

   а. спортсме́н б. поли́тик в. певе́ц г. компози́тор

2. Мой оте́ц рабо́тает в большо́м универма́ге. Он ....

   а. поли́тик б. детекти́в в. хи́мик г. рыба́к

3. Я о́чень интересу́юсь разви́тием собы́тий в ми́ре. Поэ́тому я хочу́ стать ....

   а. по́варом б. строи́телем в. журнали́стом г. фи́зиком

4. И́ра – моя́ лу́чшая .... Я ей расска́зываю всё.

   а. де́вушка б. учени́ца в. подру́га г. арти́стка

5. Мой брат жени́лся на краса́вице. Его́ .... – иностра́нка.

   а. же́нщина б. жена́ в. знако́мая г. студе́нтка

6. .... ремо́нтной мастерско́й сказа́л, что мое́й маши́не ну́жен бу́дет но́вый мото́р.

   а. бухга́лтер б. ревизо́р в. парикма́хер г. меха́ник

7. Я большо́й .... футбо́ла. Я почти́ всё зна́ю о кома́ндах.

   а. люби́тель б. боле́льщик в. проти́вник г. покло́нник

8. Я увлека́юсь ру́сской литерату́рой. Мой люби́мый .... Толсто́й.

   а. поэ́т б. писа́тель в. режиссёр г. драмату́рг

9. – Прости́те, как дойти́ до ци́рка?

   – К сожале́нию, не зна́ю. В э́том го́роде я ....

   а. мэр б. гид в. такси́ст г. чужо́й

10. Прости́те, вы .... э́того такси́?

    а. покупа́тель б. води́тель в. ме́неджер г. продаве́ц

11. Здра́вствуйте, ... , чем я могу́ вам помо́чь?

    а. господи́н б. това́рищ в. пассажи́р г. граждани́н

12. Прошу́ вас довезти́ меня́ до ци́рка, там я встреча́юсь с ....

    а. кло́уном б. арти́стом в. ти́гром г. мини́стром

3.6 Автобиогра́фия

Angaben zur Person

Übersetzen Sie die beschrifteten Fotos an Bekannte in Russland.

1. На́ша семья́ на пля́же у Балти́йского мо́ря, сле́ва напра́во: па́па, ма́ма, сестра́, брат и я. На па́мять об А́нтье.
2. Вот ты ви́дишь меня́ с гандболи́стами мое́й кома́нды по́сле успе́шного ма́тча. Твоя́ подру́га А́нтье.
3. Я исполня́ю роль фе́и в ска́зке „Спя́щая краса́вица“. Твоя́ А́нтье.

Vervollständigen Sie die Satzfragmente mit Ihren persönlichen Angaben und unterstreichen Sie ggf. die auf Sie zutreffende Variante:

( ) Меня́ зову́т ....

( ) Мне .... год/го́да/лет.

( ) Я роди́лся/родила́сь.............................

( ) Мои́ роди́тели ....

( ) У меня́ есть.................... /нет............... (кого́-чего́)

( ) Я вы́рос/ла у ....

( ) Я учу́сь/учи́лся/учи́лась в ....

( ) По́сле оконча́ния шко́лы я ....

( ) Я око́нчил/а своё профессиона́льное обуче́ние в .... году́.

( ) Я живу́ в ....

( ) Я рабо́таю в/на .... (чём)

( ) Я живу́ оди́н/одна́. /Я жена́т/за́мужем/разведён/разведена́.

( ) Мой муж/моя́ жена́ рабо́тает ....

( ) У нас есть .... /нет .... (кого́-чего́)

( ) В свобо́дное вре́мя я ....

( ) Я о́чень увлека́юсь .... (чем)

3.7 В свобо́дное вре́мя

Freizeitbeschäftigungen

Eine gute Möglichkeit, Wörter einem bestimmten Thema zuzuordnen, ist der hier dargestellte Wortbaum. Wie Sie sehen, sind nicht alle der möglichen Wörter angegeben. Welche anderen fallen Ihnen noch ein?

Tragen Sie diese Wörter in die Zeichnung ein.
видеофи́льм, виолонче́ль, гита́ра, детекти́в, ка́мера, мю́зикл, одиннадцатиметро́вый, проигра́ть, фотографи́ровать, стадио́н, судья́, футбо́лка

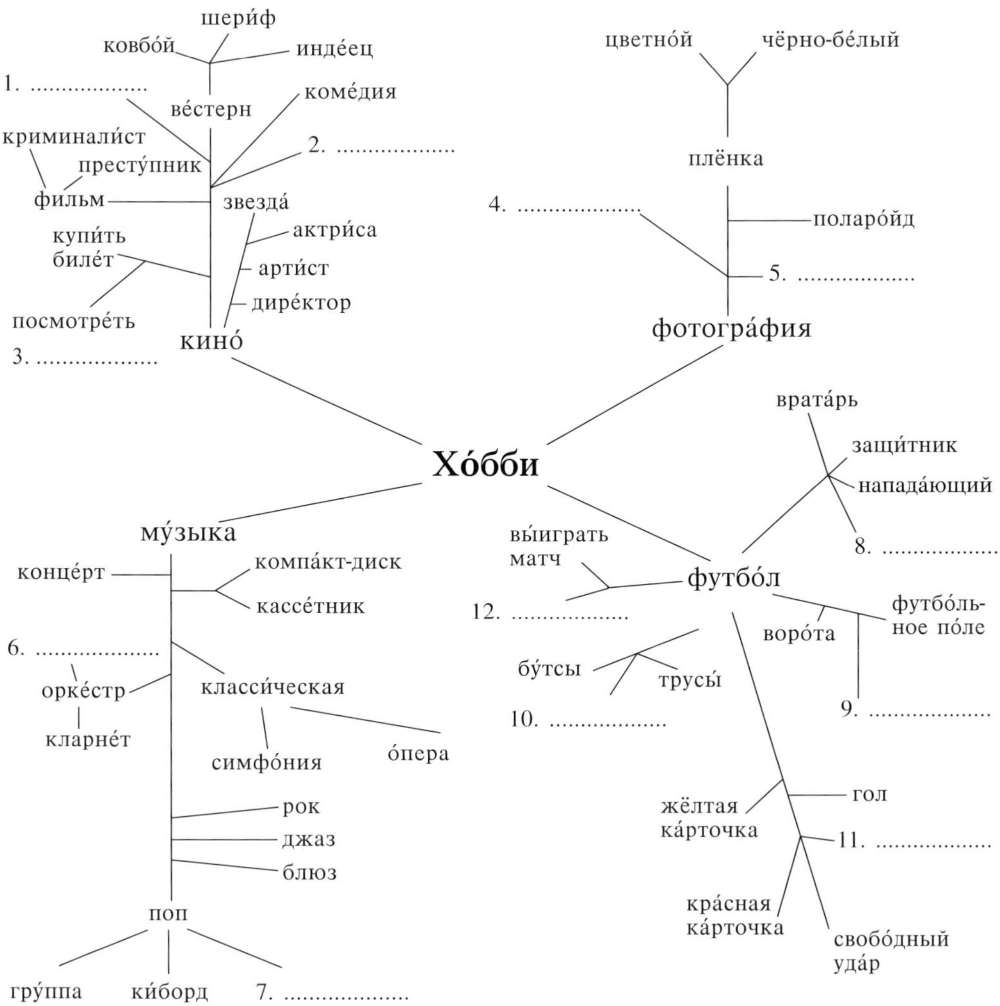

Denken Sie an Ihre Hobbys, und zeichnen Sie einen ähnlichen Wortbaum mit vielen Ästen und Blättern. Benutzen Sie dazu ein großes Blatt Papier.

3.8 Мой день

Mein Tagesablauf

Schreiben Sie die Sätze unter das entsprechende Bild.

После обе́да я вёл перегово́ры с инве́сторами.
В 6 часо́в я встал.
Я ждал на остано́вке авто́буса.
Мы посмотре́ли телефи́льм.

Я обе́дал с колле́гой в столо́вой.
Пото́м я лёг спать.
Я рабо́тал на компью́тере.
До́ма я прочита́л газе́ту.

В 18 часо́в 30 мину́т я у́жинал с семьёй.
Я при́нял душ.
Я был у зубно́го врача́.
Я за́втракал в ку́хне.

1.	2.	3. ....

4.	5.	6. ....

7.	8.	9. ....

10.	11.	12. ....

Wandeln Sie den hier dargestellten Tagesablauf so ab, dass er Ihrem tatsächlichen entspricht.

3.9 Кани́кулы
Ferien

Tragen Sie die Wörter in die Zeichnung ein.

администра́тор, аспири́н, аэропо́рт, бассе́йн, велосипе́д, да́ча-прице́п, дискоте́ка, креди́тная ка́рточка, одноме́стный но́мер, пла́вать, по́езд, путеводи́тель, рестора́н, чемода́н, я́хта

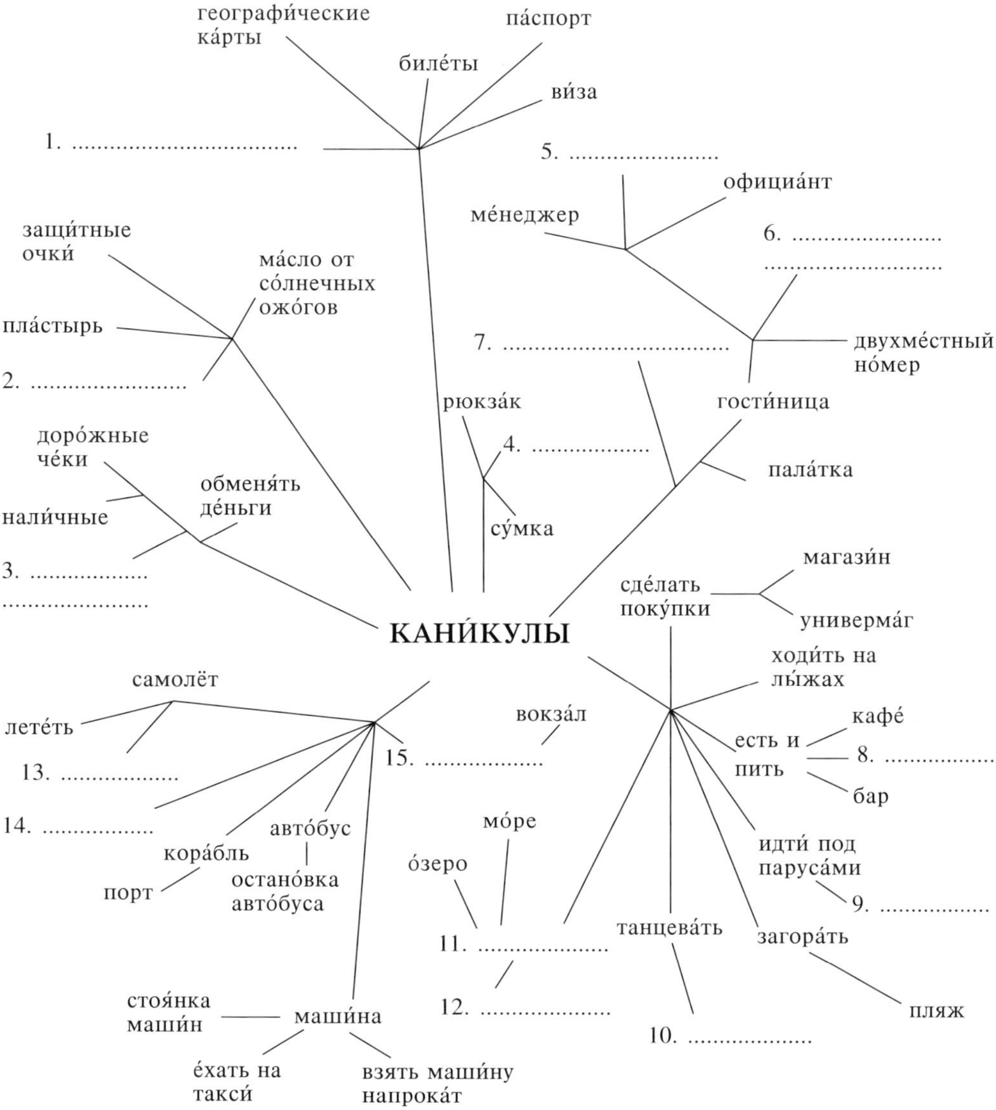

Welche anderen Wörter fallen Ihnen noch zu diesem Thema ein? Ergänzen Sie sie.

3.10 Пого́да
Wetter

Ordnen Sie den Symbolen die russischen Entsprechungen zu.

(1) ве́тер, (2) град, (3) гроза́, (4) дождь, (5) и́ней, (6) о́блако, (7) снег, (8) со́лнце, (9) тума́н

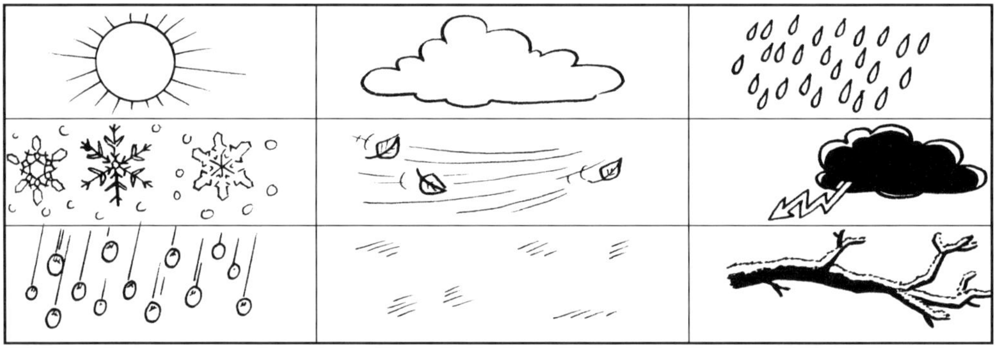

Kreuzen Sie die Wörter an, die das Wetter zur Zeit am besten beschreiben.

пого́да:	хоро́шая	тёплая	со́лнечная
	плоха́я	холо́дная	жа́ркая
температу́ра:	20 гра́дусов тепла́	5 гра́дусов моро́за	ми́нус/плюс ...
ве́тер:	сла́бый	си́льный	времена́ми
со́лнце:	све́тит	не све́тит	проясне́ние
дождь:	ме́лкий	си́льный	кратковре́менный до́ждь
снег:	идёт	снегопа́д	мете́ль

Ordnen Sie den Oberbegriffen passende Wörter und Wortgruppen zu.

зима́	ле́то	оса́дки
....	*со́лнечная пого́да*	....
....	....	....
....	....	....
....	....	....

Wie ist das Wetter heute in Sankt Petersburg?

Сего́дня в Санкт-Петербу́рге сохрани́тся тёплая пого́да, но́чью 15 гра́дусов, днём 24-28 гра́дусов, со́лнце све́тит, возмо́жен кратковре́менный дождь, ве́тер сла́бый.

3.11 Обе́д в рестора́не

Mittagessen im Restaurant

Hier sind Speisen, die Sie auf einer Speisekarte im Restaurant finden können.

Ergänzen Sie die Wörter und Wortgruppen an der entsprechenden Stelle auf der Speisekarte.

борщ	винегре́т	галу́шки	горо́шек	грибы́
жа́реная свини́на	жа́реная селёдка	жа́реный карто́фель	йо́гурт	ка́мбала
капу́ста	карто́фель-фри	компо́т	котле́та	моро́женое
овощно́й суп	отварно́й карто́фель	пу́динг	пюре́	ромште́кс
ры́бный сала́т	ры́бные па́лочки	соля́нка	спа́ржа	торт
уха́	фасо́ль	форе́ль	фру́кты	шашлы́к
цветна́я капу́ста	шни́цель	щу́ка	яйцо́ с икро́й	

Заку́ски

1. .... 2. .... 3. .... 4. ....

Супы́

1. .... 2. .... 3. .... 4. ....

Вторы́е блю́да

карто́фель	о́вощи	мя́со	ры́ба
....	....	....	....
....	....	....	....
....	....	....	....
....	....	....	....

Десе́рты

....

....

Wenn Sie diese Aufgabe gemeistert haben, sollte noch Platz für ein Dessert sein. Welches ist Ihr Lieblingsdessert? Schlagen Sie die russische Entsprechung dafür nach, und tragen Sie sie in die Speisekarte ein.

3.12 Кварти́ра и ме́бель

Wohnung und Mobiliar

Schreiben Sie die folgenden Wörter unter das entsprechende Bild.

балко́н, ва́нная, гости́ная, де́тская, кабине́т, ку́хня, спа́льня, туале́т

1.	2.	3.	4. ....
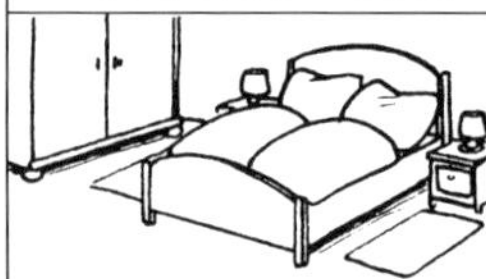			
5.	6.	7.	8. ....

In welchem Raum möchten Sie folgendes Mobiliar platzieren?

дива́н, кре́сло, компью́тер, крова́ть, ку́хонный шкаф, ла́мпа, пи́сьменный стол, при́нтер, прои́грыватель компа́ктных ди́сков, по́лка, ра́дио, сте́нка, стира́льная маши́на, стол, торше́р, стул, телеви́зор, телефо́н, холоди́льник, шкаф, умыва́льник

1. ку́хня ....
....
....

2. ва́нная ....
....
....

3. кабине́т ....
....
....

4. балко́н ....
....

5. спа́льня ....
....
....

6. гости́ная ....
....
....

7. де́тская ....
....
....

8. туале́т ....
....

4. Kapitel

Словообразова́ние

Wortbildung

1. Aus bekannten Wörtern können Sie die Bedeutung unbekannter ableiten.

a) Viele russische Wörter bilden Wortfamilien, die Sie in der Regel an ihrer gemeinsamen Wortwurzel erkennen können. Vergleichen Sie:

учи́ться	–	lernen
уче́бник	–	Lehrbuch
учи́лище	–	Lehranstalt
учи́тель/ница	–	Lehrer/in
учи́тельский	–	Lehrer-, Lehrerzimmer

b) Wörter mit gleichem Suffix oder Präfix gehören oftmals zu einem gemeinsamen Wortbildungsmuster. Das Suffix sagt Ihnen ggf., ob durch das unbekannte Wort eine Person, ein Gegenstand oder ein abstrakter Begriff benannt, ob die Person nach ihrer Tätigkeit, ihrem Beruf, ihrer Herkunft oder Zugehörigkeit zu einer geistigen Strömung bezeichnet wird.
Vergleichen Sie:

учи́тель	–	Lehrer
строи́тель	–	Bauarbeiter
писа́тель	–	Schriftsteller

Eine Reihe von Präfixen begegnen Ihnen bei verschiedenen Wörtern z.T. in der gleichen Bedeutung. Vergleichen Sie:

перехо́д	–	Übergang
переходи́ть	–	hinübergehen
переселе́ние	–	Übersiedlung
перерабо́тать	–	überarbeiten

2. Suchen Sie beim Einprägen neuer Wörter nach bereits bekannten Wortbildungselementen (Wurzel, Suffix, Präfix).
Prüfen Sie, ob Sie das neue Wort einem oder mehreren bekannten derselben Wortfamilie oder desselben Wortbildungsmusters zuordnen können.

4.1 Обозначе́ние челове́ка по его́ де́ятельности

Bezeichnung von Personen nach ihrer Tätigkeit

Wenn Sie ein Wort in Ihrem Wörterbuch nachschlagen, überprüfen Sie auch, ob sich daraus noch andere Wörter ableiten lassen.

Beispiele: учи́ть → учи<u>тель</u> купи́ть → куп<u>е́ц</u>

1. Schreiben Sie die Bezeichnungen für die Personen neben die folgenden Verben. Die Personenbezeichnungen enden auf -тель oder -ец.

1. покупа́ть .... 10. писа́ть ....
2. продава́ть .... 11. твори́ть ....
3. торгова́ть .... 12. чита́ть ....
4. люби́ть .... 13. испо́лнить ....
5. победи́ть .... 14. пересели́ться ....
6. жить .... 15. води́ть ....
7. петь .... 16. воспита́ть ....
8. посети́ть .... 17. владе́ть ....
9. слу́шать .... 18. предпринима́ть ....

2. Verwenden Sie einige der Personenbezeichnungen zur Vervollständigung der folgenden Sätze.

1. У меня́ был о́чень хоро́ший .... ру́сского языка́.
2. Мой брат .... Он рабо́тает в большо́м универма́ге.
3. В го́роде, в кото́ром я живу́, 50 000 ....
4. Я большо́й .... футбо́ла и лёгкой атле́тики.
5. Мой люби́мый .... – а́втор рома́на „А́нна Каре́нина“.
6. Хоро́ший о́перный .... мо́жет рабо́тать везде́ в стране́.

4.2 Стра́ны – национа́льности

Länder – Nationalitäten

Ordnen Sie die folgenden Bezeichnungen für Nationalitäten dem jeweiligen Wortbildungstyp und den Ländernamen zu, und tragen Sie sie in eine der vier Listen an der entsprechenden Stelle ein. Ergänzen Sie außerdem die fehlenden Ländernamen durch Abstreichen des Suffixes -ец bzw. -ка und Ersetzen von -ия.

австри́йка, азиа́тка, америка́нец, англича́нин, белору́с, бельги́йка, голла́ндец, грек, датча́нин, ирла́ндка, испа́нец, кита́йка, латы́ш, норве́жец, поля́к, португа́лка, ру́сский, слова́к, финн, францу́женка, чех, швед, эсто́нец, япо́нец

-ец		**-ка**	
....	....	А́встрия	....
....	....	А́зия	....
Норве́гия	....	Бе́льгия	....
США	....	....	....
....	....	....	....
....	....	....	....
– –		**по друго́му**	
Белору́ссия	....	А́нглия	....
Гре́ция	....	Да́ния	....
....	....	Ла́твия	....
Финля́ндия	....	По́льша	....
....	....	Росси́я	....
Шве́ция	....	Фра́нция	....

Befindet sich Ihr Heimatland in einer der Listen? Wenn nicht, tragen Sie es an der entsprechenden Stelle ein. Tragen Sie auch andere Länder und Nationalitäten ein, die Sie kennen.

4.3 Су́ффиксы как ку́бики
Suffixe als Bausteine

1. Finden Sie in dem Silbenmosaik möglichst viele Personenbezeichnungen, und ordnen Sie sie in die entsprechende Spalte der Tabelle ein.

покупа
велосипед одноклассгитар
чита школь телефон участ побед волейбол
худож води ***к тель ист ниц ник а*** путч помощ
шахмат собесед тур строи работ зри
журнал писа провод слуша трактор
учи гандбол союз
руководи финал
железодорож

-тель	-тельница	-ист	-истка	-ник	-ница

2. Ordnen Sie den Bildern Personenbezeichnungen zu.

1. ....

2. ....

3. ....

4. ....

5. ....

6. ....

7. ....

8. ....

4.4 Пре́фиксы как ку́бики

Präfixe als Bausteine

при-

в-

вы-

за-

под-

от-

с-

до-

про-

пере-

раз-/рас-

с-

1. Übersetzen Sie die Wortgruppen.

расходи́ться по́сле рабо́ты, сходи́ть с ле́стницы, приходи́ть домо́й, заходи́ть в магази́н, проходи́ть ми́мо теа́тра, подходи́ть к остано́вке авто́буса, входи́ть в авто́бус, вы́ходить из авто́буса, отходи́ть от остано́вки авто́буса, доходи́ть до по́чты, переходи́ть че́рез мост, переходи́ть на другу́ю сто́рону у́лицы, подходи́ть к до́му, входи́ть в дом, входи́ть в кварти́ру, сходи́ться

2. Ersetzen Sie überall dort, wo es in den oben stehenden Wortgruppen sinnvoll ist, -ходить durch -езжать.

3. Ergänzen Sie die Wortpaare durch Verben mit entgegengesetzer Bedeutung.

входи́ть в ко́мнату	–	....
подходи́ть к шка́фу	–	....
уезжа́ть от друзе́й	–	....
вы́лететь из Мю́нхена	–	....

4. Setzen Sie die fehlenden Präfixe ein.

В воскресе́нье на́ша гру́ппа е́дет на экску́рсию в Су́здаль. По́сле за́втрака мы . . . хо́дим из гости́ницы. Мы . . . хо́дим че́рез у́лицу, . . . хо́дим в авто́бусы и е́дем в Су́здаль. Мы . . . езжа́ем че́рез ста́рый го́род Влади́мир и по́сле четырёх часо́в мы . . . езжа́ем в Су́здаль. Це́лый день мы осма́триваем го́род. Ве́чером мы . . . езжа́ем из Су́здаля. Авто́бусы благополу́чно . . .-во́зят нас до на́шей гости́ницы.

4.5 Гнёзда слов
Wortfamilien

1. Streichen Sie in jeder Reihe das Wort aus, das nicht zu der Wortfamilie gehört.

жить – жи́ли – лежи́т – жи́тель – живёт – живу́ – жи́тели – жизнь
учени́к – учени́ца – учи́тель – уча́стник – учёбник – учи́тельница – учи́ться
стро́ить – стро́йка – стро́гий – строи́тель – строе́ние – строи́тельство
больни́ца – боль – большо́й – больна́я – боли́т – боле́знь – боля́т
подру́га – дру́жба – друг – друго́й – дружи́ть – друзья́ – дру́жественный

2. Erweitern Sie Ihren persönlichen Wortschatz, indem Sie weitere Wörter bilden.

Beispiel: информи<u>ровать</u> – информа́<u>ция</u> – информ<u>ацио́нный</u> (центр)

- демонстри́ровать – .... – ....
- иммигри́ровать – .... – ....
- интегри́ровать – .... – ....
- оккупи́ровать – .... – ....

3. Stellen Sie Wortfamilien zusammen, und tragen Sie in jede Spalte der Tabelle ein passendes Wort ein.

больни́ца, больно́й, дать, жи́зненный, жи́тельница, жи́тельство, изда́ние, изда́тель, изда́тельница, изда́тельский, изда́тельство, писа́тель, писа́тельница, писа́ть, пи́сьменный, расписа́ние, письмо́, рабо́та, рабо́тать, рабо́тник, рабо́тница, рабо́чий, учёбный, учи́лище, учи́тельская, чита́льня, чита́тель, чита́тельница, чита́тельский, чита́ть, строи́тельный, чте́ние

Wurzel	*Handlung*	*männliche Person*	*weibliche Person*	*Sache/Gegenstand*	*Merkmal*	*Ort/Einrichtung*
-уч-						
-жи/з/-						
-работ-						
-да-						
-боль-						
-чит/чт-						
-пис-						
-строй-						

5. Kapitel

Произноше́ние и орфогра́фия

Aussprache und Rechtschreibung

1. Ein Wort ist mehr als nur seine Bedeutung.

Wenn Sie ein neues Wort lernen, lernen Sie seine Bedeutung und übersetzen es in Ihre Sprache. Prägen Sie sich gleichzeitig aber auch seine Aussprache und Schreibweise ein.

2. Phonetische Hilfen

In allen guten Wörterbüchern finden Sie Akzente auf den Vokalbuchstaben, die Ihnen zeigen, auf welcher Silbe im Wort die Betonung beim Sprechen liegt. Wenn Sie auf diese Akzente achten, wird Ihnen das Lernen der Aussprache neuer Wörter sicher erheblich erleichtert.

5.1 Произноше́ние безуда́рных гла́сных

Aussprache unbetonter Vokale

Das Erlernen des Russischen wird dadurch erleichtert, dass Schreibung und Aussprache weniger stark voneinander abweichen als z.B. im Englischen oder Französischen. Bei den unbetonten Vokalen sollten Sie darauf achten, dass Sie sie weniger deutlich, lang und intensiv aussprechen als die betonten. Darüber hinaus verändern die unbetonten Vokale zum Teil ihren Klang:

- а, о werden unmittelbar vor der betonten Silbe sowie im Wortanlaut zu kurzem [а];
- а, о werden in allen anderen unbetonten Silben zu einem stark verkürzten Murmellaut [ъ];
- е, я werden in allen unbetonten Silben zu kurzem [и] bzw. [jи].

Durch welchen Laut bezeichnen Sie die hervorgehobenen Buchstaben beim lauten Lesen? Tragen Sie die folgenden Wörter in eine der drei Listen ein.

во́семь	гости́ная	де́душка
де́сять	каранда́ш	кассе́та
кре́сло	крова́ть	ла́мпа
ма́ма	по́лка	праде́душка
пятьсо́т	расска́з	рома́н
сестра́	стена́	телеви́зор

1. kurzes [а] wie in „kann" (балко́н, окно́)	2. Laut [ъ] wie in „bitte" (ко́мната, хорошо́)	3. [и] / [jи] wie in „imitieren" (телефо́н, пятьдеся́т)
....	....	....
....	....	....
....	....	....
....	....	....
....	....	....
....	....	....

Lesen Sie die geordneten Wortreihen laut.

5.2 Ри́фма

Reime

In den folgenden Zusammenstellungen finden Sie jeweils vier Wörter vor, von denen sich immer drei reimen.

Finden Sie das Wort, das sich nicht reimt, und kreisen Sie es ein.

ма́ма	да́ма	ра́ма	сама́
Ко́ля	То́ля	во́ля	поля́
Ми́ша	Гри́ша	ти́ше	пишу́
де́ло	село́	те́ло	це́ло
быть	мыть	пить	жить
до́чка	ко́шка	ло́жка	но́жка
спорт	корт	старт	торт
матро́с	вопро́с	ко́смос	допро́с
Ле́на	жена́	сце́на	сме́на
мо́да	го́да (Gen.)	вода́	ро́да (Gen.)
бале́т	дуэ́т	е́дет	приве́т
газе́та	раке́та	моне́та	цвета́
далёкий	высо́кий	широ́кий	бара́ки
ка́ртой	како́й	большо́й	второ́й
вре́мя	пле́мя	семья́	зве́нья
то́чка	ло́жка	по́чка	бо́чка

5.3 Образцы́ ударе́ния

Betonungsmuster

Die russischen Wörter haben in der Regel eine betonte Silbe. Bei mehrsilbigen Wörtern kann die Betonung auf jeder beliebigen Silbe liegen, so dass Sie hier die Betonung mitlernen müssen. Wörter mit verschiedenen Formen haben entweder eine feste oder eine wechselnde Betonung.

Eine feste Betonung haben:

- Langformen der Adjektive: ✓ ❍ (stammbetont) — но́вый, ру́сский; ❍ ✓ (endbetont) — большо́й

Verben mit betontem Infinitiv- und Präsensstamm: ❍ ✓❍ — чита́ю

- vollendete Verben mit dem betonten Präfix вы-: ✓ ❍ — вы́йти, вы́йду
- unvollendete Verben mit dem unbetonten Präfix вы-: ❍ ❍ ✓ — выходи́ть, выхожу́
- Verben mit betonter Silbe vor dem Suffix -ыва-/-ива-: ❍ ❍✓ ❍❍ — обраба́тывать, спра́шивать

(✓ bezeichnet die betonte Silbe)

Ordnen Sie die Wörter dem jeweiligen Betonungsmuster zu.

больно́й, быва́ю, выбира́ют, вы́брать, вы́глядел, вы́играла, вылета́ем, выража́ли, выраста́ет, вы́росли, выступа́ть, вы́учить, гуля́ю, дорого́й, дре́вний, запи́сывать, зараба́тывала, игра́ю, кни́жный, кра́сный, мирово́й, о́бщий, осма́триваем, оце́нивать, плохо́й, подде́рживаю, просто́й, ста́рый

✓ ❍	❍ ✓	❍✓❍
но́вый/ру́сский	большо́й	чита́ю

✓ ❍ (❍)	❍ ❍ ✓ (❍)	(❍)❍ ✓ ❍ ❍ (❍)
вы́йти, вы́йду	выходи́ть, выхожу́	обраба́тывать

5.4 Одина́ковое произноше́ние

Gleiche Aussprache

Im Russischen gibt es Wörter, die zwar die gleiche Aussprache, aber eine unterschiedliche Schreibweise und Bedeutung haben.

Benutzen Sie jeweils eines der Wortpaare, um die Sätze sinnvoll zu vervollständigen.

бро́сит/бро́сят	бу́дет/бу́дит	везти́/вести́
воскресе́ние/воскресе́нье	кампа́ния/компа́ния	луг/лук
род/рот	седе́ть/сиде́ть	частота́/чистота́

1 а. Я уве́рен, что э́ти де́ти .... мя́чик на 60 ме́тров.
б. Моя́ сестра́ рассказа́ла мне, что она́ .... учёбу из-за ли́чных пробле́м.

2 а. За́втра .... хоро́шая пого́да.
б. Обы́чно мой брат .... меня́ в 6 часо́в.

3 а. Он лю́бит .... до́лгие разгово́ры.
б. В 5 часо́в вечера́ мне ну́жно .... врача́ к пацие́нту.

4 а. На Па́сху христиа́не пра́зднуют .... Христа́.
б. В .... моя́ ба́бушка придёт к нам в го́сти.

5 а. У нас была́ дру́жная, весёлая ....
б. В Росси́и начала́сь предвы́борная ....

6 а. При уса́дьбе большо́й ....
б. Не забу́дь, пожа́луйста, купи́ть ....

7 а. У моéй подру́ги ма́ленький, краси́вый ....
б. Скажи́, пожа́луйста, како́й .... у э́того существи́тельного?

8 а. Я люблю́ .... на берегу́ мо́ря.
б. Мой де́душка ра́но на́чал ....

9 а. .... во всех помеще́ниях.
б. .... пу́льса больно́го была́ норма́льной.

5.5 Приста́вки без- и́ли бес- как и раз- и́ли рас-

Vorsilben без- oder бес- sowie раз- oder рас-

Die Schreibweise der russischen Vorsilben без-/бес- und раз-/рас- ist eine häufige Fehlerquelle. Merken Sie sich deshalb gut, dass без- und раз- vor Vokal bzw. stimmhaftem Konsonanten (б, в, г, д, ж, з, л, м, н, р) sowie бес- und рас- vor stimmlosem Konsonanten (к, п, с, т, ф, х, ц, ч, ш, щ) geschrieben wird.

Vergleichen Sie:	бесплá́тно	– aber: безрабо́тный
	разгово́р	– aber: расска́з

1. Раз- oder рас-? Finden Sie außerdem heraus, wie Sie diese Vorsilbe in den folgenden Beispielen auf Deutsch wiedergeben können.

бить	–	schlagen	.... бить
дели́ть	–	teilen	.... дели́ть
лома́ть	–	brechen	.... лома́ть
па́дать	–	fallen	.... па́даться
пили́ть	–	sägen	.... пили́ть

2. Bilden Sie Wörter mit entgegengesetzter Bedeutung, indem Sie vor die gegebenen Wörter die Vorsilbe без- oder бес- setzen.

______вку́сный
______боле́зненный
______поле́зный
______серде́чный
______поря́дочный
______ли́чный
______опа́сный
______ра́достный
______перспекти́вный
______алкого́льный
______конфли́ктный
______парти́йный
______а́томный
______пла́новый
______успе́шный
______хозя́йственный

3. Setzen Sie in die Sätze die ausgelassenen Buchstaben ein.

Ра__гово́р в зда́нии вокза́ла
- Ра__реши́те вопро́с. Где здесь виси́т ра__писа́ние поездо́в?
- Ря́дом с ки́оском.
- В ки́оске есть бе__алкого́льные напи́тки?
- Есть.
- Мо́жно во__по́льзоваться туале́том бе__пла́тно?
- Мо́жно.

6. Kapitel

Установле́ние очерёдности

Kollokationen

1. Inhaltlich zusammenpassende Wörter sind auf eine ganz bestimmte Art miteinander kombinierbar.

Diese Kombinierbarkeit wird auch als Kollokation bezeichnet. So geben wir im Russischen z.B. „braun“ durch verschiedene Wörter wieder. Wenn wir braune Augen haben, sagen wir „*У меня́ ка́рие глаза́.*“ Wenn unsere Haarfarbe braun ist, drücken wir das aus durch „*У меня́ кашта́новые во́лосы.*“ Wenn wir einen braunen Teint haben, heißt es „*У меня́ сму́глая ко́жа.*“ Der Russe verwendet in diesen Wortverbindungen nicht das für „braun“ allgemein gebräuchliche Farbadjektiv „кори́чневый“.

2. Wenn Sie ein Wort lernen, sollten Sie Ihre Aufmerksamkeit nicht allein auf das einzelne Wort konzentrieren.

Einzelne Wörter werden nur selten isoliert verwendet. Sie stehen in einem inhaltlichen und sprachlichen Kontext. Prägen Sie sich Wörter in Zusammenhang mit diesem Kontext ein.

6.1 Глаго́л и существи́тельное

Verb und Substantiv

Wenn Sie sich neue Verben einprägen, dann lernen Sie sie in Verbindung mit solchen Wörtern, mit denen Sie sie auch sonst verwenden, z.B. mit Substantiven oder mit Präpositionen und Substantiven. Das erleichtert Ihnen den richtigen Gebrauch der Verben.

1. Ordnen Sie den Verben auf der linken Seite ein Substantiv (mit Präposition) auf der rechten Seite zu. Achten Sie dabei auf die Rektion des Verbs und den Kasus des Substantivs. Tragen Sie Ihre Lösungen in die Kästchen ein.

1. смотре́ть	а. на ло́дке	1.
2. интересова́ться	б. пиро́г	2.
3. перепи́сываться	в. футбо́лом	3.
4. писа́ть	г. видеофи́льм	4.
5. печь	д. в волейбо́л	5.
6. снима́ть	е. телеви́зор	6.
7. ката́ться	ж. с друзья́ми	7.
8. игра́ть	з. карти́ны	8.

2. Ordnen Sie auch diese Wörter einander zu.

1. быть	а. домо́й	1.
2. быва́ть	б. за́ город	2.
3. ходи́ть	в. в гостя́х	3.
4. встреча́ться	г. в соревнова́нии	4.
5. вы́ехать	д. на дискоте́ку	5.
6. уча́ствовать	е. в бассе́йне	6.
7. соверши́ть	ж. на трениро́вках	7.
8. возвраща́ться	з. туристи́ческий похо́д	8.

3. Verwenden Sie nun einige der Ausdrücke, um diese Sätze zu vervollständigen.

1. Мо́жно ...., там есть о́зеро и мо́жно ....

2. Вот площа́дка для волейбо́ла. Я о́чень люблю́ ....

3. Кака́я краси́вая панора́ма! Мне хо́чется ....

4. По вечера́м предлага́ю .... Вам понра́вится там му́зыка.

5. Я предпочита́ю .... По телеви́дению пока́зывают ча́сто футбо́л.

6.2 Прилага́тельное и существи́тельное

Adjektiv und Substantiv

1. Ordnen Sie die Adjektive auf der linken Seite einem Substantiv auf der rechten Seite zu. Obwohl einige Adjektive zu mehreren Substantiven passen, verwenden Sie jedes Wort nur einmal. Tragen Sie Ihre Lösungen in die Kästchen ein.

1. чёрные	а. ру́ки	1.	
2. ка́рие	б. пле́чи	2.	
3. то́нкие	в. ресни́цы	3.	
4. стро́йные	г. но́ги	4.	
5. широ́кие	д. бро́ви	5.	
6. си́льные	е. гу́бы	6.	
7. дли́нные	ж. глаза́	7.	
8. ры́жие	з. во́лосы	8.	

2. Verknüpfen Sie nun auch diese Wörter miteinander. Achten Sie darauf, dass die Wörter sowohl inhaltlich als auch grammatisch zueinander passen.

1. высо́кий	а. рот	1.	
2. прямо́й	б. фигу́ра	2.	
3. краси́вый	в. щёки	3.	
4. откры́тый	г. нос	4.	
5. большо́го	д. лицо́	5.	
6. кру́глое	е. ро́ста	6.	
7. спорти́вная	ж. взгляд	7.	
8. бле́дные	з. лоб	8.	

3. Verwenden Sie einige der Ausdrücke, um die folgenden Sätze zu vervollständigen.

1. Мой друг .... Его́ рост метр во́семьдесят.
2. У него́ ....
3. Мне осо́бенно нра́вятся его́ ....
4. Смотри́те, кака́я у него́ ....

6.3 Глаго́лы с разли́чными значе́ниями

Verben mit mehreren Bedeutungen

Zahlreiche russische Wörter haben nicht nur eine, sondern mehrere Bedeutungen, die Sie leichter lernen, wenn Sie sie miteinander vergleichen und die vorhandenen Gemeinsamkeiten in den Unterschieden aufspüren.

Machen Sie sich die gemeinsame Grundbedeutung der folgenden Verben klar, ordnen Sie sie der jeweils passenden Gruppe von Substantiven zu, und übersetzen Sie die Wortgruppen.

занима́ть	исполня́ть	ката́ться	надева́ть	отвеча́ть
отдава́ть	открыва́ть	передава́ть	принима́ть	собира́ть

1. .... ма́рки, моне́ты, о́вощи, цветы́, друзе́й

2. .... пла́тье, шля́пу, га́лстук, о́рден, очки́

3. .... на ро́ликах, на ло́дке, на байда́рке, на са́нках, верхо́м на ло́шади

4. .... телегра́мму, реше́ние, ме́ры, лека́рство, госте́й

5. .... ме́сто, пост мини́стра, го́род, мно́го вре́мени, большу́ю кварти́ру

6. .... окно́, глаза́, кни́гу, газ, о́стров

7. .... наро́дные та́нцы, пе́сню, гла́вную роль, про́сьбу, обеща́ния

8. .... пода́рок, письмо́, конце́рт по ра́дио, приве́т, содержа́ние

9. .... на вопро́с, уро́к, за дете́й, за рабо́ту, тре́бованиям

10. .... жизнь, кни́гу в библиоте́ку, дете́й в я́сли, о́бувь в ремо́нт, все си́лы нау́ке

6.4 Существи́тельные с ра́зными ру́сскими эквивале́нтами

Substantive mit verschiedenen russischen Entsprechungen

Nicht gerade selten stehen einem deutschen Wort mehrere russische gegenüber, deren Bedeutungsumfang sich in beiden Sprachen unterscheidet und daher Lernende besonders oft zu Fehlern verleitet.

Ordnen Sie die folgenden russischen Substantive der entsprechenden Abbildung zu.

Ка́рта, откры́тка, биле́т oder меню́?

1.	2.	3.	4. ....

Доро́жка, като́к, трек oder орби́та?

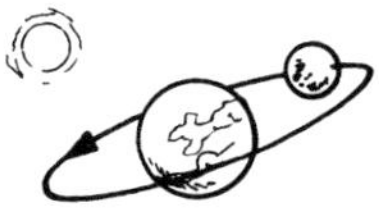			
1.	2.	3.	4. ....

Бегу́н, ста́йер, доро́жка oder слон?

			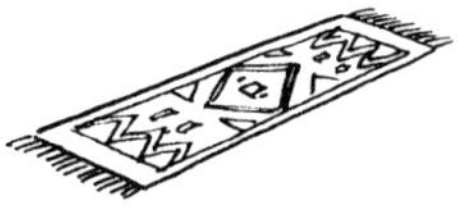
1.	2.	3.	4. ....

Кру́жка, рю́мка, стака́н oder фуже́р?

1.	2.	3.	4. ....

6.5 Сло́жные составны́е существи́тельные

Zusammengesetzte Substantive

Manchmal lassen sich im Russischen zwei Wörter durch einen Bindestrich verbinden, um einen gängigen Ausdruck zu erhalten, z. B.:

рома́н-детекти́в   рок-гру́ппа   же́нщина-врач

1. Bilden Sie zusammengesetzte Substantive mit einem Wort auf der linken und einem Wort auf der rechten Seite. Tragen Sie Ihre Lösungen in die Kästchen ein.

1. го́род	а. истреби́тель	1.	
2. шко́ла	б. рестора́н	2.	
3. дом	в. му́зыка	3.	
4. ваго́н	г. врач	4.	
5. телефо́н	д. конце́рт	5.	
6. телегра́мма	е. геро́й	6.	
7. дива́н	ж. крова́ть	7.	
8. рома́н	з. интерна́т	8.	
9. компа́кт	и. автома́т	9.	
10. рок	к. мо́лния	10.	
11. поп	л. газе́та	11.	
12. пла́тье	м. музе́й	12.	
13. же́нщина	н. костю́м	13.	
14. лётчик	о. диск	14.	

2. Verwenden Sie einige der Ausdrücke, um die folgenden Sätze zu vervollständigen.

Achtung! Das Geschlecht der zusammengesetzten Substantive erkennen Sie bei Personenbezeichnungen an deren natürlichem Geschlecht, bei Gegenstandsbezeichnungen an dem des ersten Wortes.
In der Regel werden beide Wörter dekliniert.

1. В на́шем по́езде есть .... Я приглаша́ю вас на у́жин.
2. Разреши́те предста́виться, Ве́рнер Кра́узе, ...
3. Извини́те, где вы купи́ли свой .... ? А́втор – мой люби́мый писа́тель.
4. Э́то краси́вое .... вам о́чень идёт.

7. Kapitel

Ситуа́ции

Situationen

1. Feststehende Redewendungen sind immer hilfreich.

Wortschatz besteht nicht nur aus Einzelwörtern und Wortgruppen. Dazu gehören ebenso feststehende Redewendungen, die Ihnen vor allem bei Unterhaltungen gute Dienste leisten. Hier einige Beispiele:

Как дела́?
Рад/а, вас ви́деть.
Прости́те, пожа́луйста, ...

2. Bemühen Sie sich, immer ein freundliches Russisch zu sprechen.

Feststehende Wendungen sind ein wichtiges sprachliches Mittel, bei Unterhaltungen freundlich und höflich zu agieren bzw. zu reagieren. Drücken Sie sich in bestimmten Situationen falsch aus, könnte das unter Umständen bestimmte Umgangsformen verletzen und bei Ihrem Gesprächspartner zu Irritationen und Verstimmungen führen.

7.1 Повседне́вные ситуа́ции

Alltagssituationen

Ordnen Sie diese Antworten den entsprechenden Sprechblasen auf den Bildern zu.

Она́ пло́хо себя́ чу́вствует.	Спаси́бо, здесь мне нра́вится.
Спаси́бо, вам то́же.	Ничего́ осо́бенного. А почему́ ты спра́шиваешь?
Да ну! Что де́лать?	Да, я ме́стный, могу́ помо́чь вам.
Ничего́.	Вот, пожа́луйста.

1. ....

2. ....

3. ....

4. ....

5. ....

6. ....

7. ....

8. ....

7.2 В го́роде
In der Stadt

Ordnen Sie die Redewendungen auf der linken Seite den entsprechenden Orten auf der rechten Seite zu.

1. Я хочу́ дать телегра́мму в Герма́нию.	а. в о́птике
2. Стол на двои́х, пожа́луйста.	б. в апте́ке
3. Когда́ мо́жно получи́ть очки́?	в. в бу́лочной
4. Оди́н плацка́ртный биле́т до Москвы́, пожа́луйста.	г. в парикма́херской
5. Килогра́мм пе́рсиков, пожа́луйста.	д. на пля́же
6. Да́йте мне, пожа́луйста, табле́тки от головно́й бо́ли.	е. на по́чте
7. Чёрный хлеб, пожа́луйста.	ж. в гости́нице
8. Подстриги́те во́лосы, пожа́луйста.	з. в рестора́не
9. Одноме́стный но́мер с ду́шем, пожа́луйста.	и. в ба́нке
10. Аргуме́нты и фа́кты, пожа́луйста.	к. на вокза́ле
11. Ско́лько рубле́й даю́т за 100 неме́цких ма́рок?	л. в газе́тном кио́ске
12. Хочу́ взять ло́дку напрока́т.	м. в магази́не

1.		2.		3.		4.		5.		6.		7.		8.		9.		10.		11.		12.	

Welche Wendungen fallen Ihnen im Zusammenhang mit diesen Orten noch ein?

Мой ключ, пожа́луйста.

....

....

....

....

....

....

7.3 В рестора́не
Im Restaurant

Vervollständigen Sie den ersten Teil des Gesprächs durch die folgenden Ausdrücke:

у вас есть   я возьму́   принеси́те мне   на пе́рвое   две по́рции

А

официа́нтка: Вы уже́ вы́брали?
Са́ша: Да, вы́брали. Что ты зака́жешь (1) ...., И́ра?
И́ра: (2) .... соля́нку.
официа́нтка: С удово́льствием.
Са́ша: (2) .... грибно́й суп.
официа́нтка: Что господа́ возьму́т на второ́е?
И́ра: (3) .... отбивну́ю котле́ту с гарни́ром.
Са́ша: (2) .... шашлы́к.
И́ра: Что (4) .... на десе́рт?
официа́нтка: На десе́рт я рекоменду́ю вам моро́женое и́ли взби́тые сли́вки с фру́ктами.
Са́ша: (5) .... моро́женого, пожа́луйста.

Schließen Sie nun auf die gleiche Weise die Lücken bei der Fortsetzung des Gesprächs.

ча́шку ко́фе	счёт	бы́ло превосхо́дно
карто́фель-фри и со́ус	как жаль	бока́л кра́сного вина́

Б

официа́нтка: Бою́сь, что шашлы́к уже́ зако́нчился.
Са́ша: (1) ...., вме́сто шашлы́ка мо́жно получи́ть ромште́кс?
официа́нтка: Мо́жно. Как вам пригото́вить мя́со?
Са́ша: Кровяно́е, пожа́луйста.
официа́нтка: Что вы возьмёте на гарни́р?
Са́ша: (2) ....
официа́нтка: Что вы бу́дете пить?
Са́ша: Принеси́те мне, пожа́луйста, (3) ....
И́ра: Я возьму́ (4) ....
официа́нтка: Мину́точку, сейча́с принесу́.
Са́ша: (5) Принеси́те, пожа́луйста, ... Мы спеши́м.
официа́нтка: Вку́сно бы́ло?
И́ра: Спаси́бо, (6) ....

7.4 Спроси́те доро́гу

Nach dem Weg fragen

Vervollständigen Sie das Gespräch mit folgenden Worten:

Ах да, я ви́жу	Извини́те	не ме́стный
не могу́ помо́чь	как дойти́	спроси́те лу́чше

А

туристка: (1) ...., пожа́луйста.

тури́ст: Да?

тури́стка: Вы не ска́жете, (2) .... до по́чты?

тури́ст: Что вы и́щете?

тури́стка: Где здесь нахо́дится по́чта?

тури́ст: (1) ...., (3) .... вам.
Я (4) .... Там стои́т милиционе́р, (5) ....
.... его́.

тури́стка: (6) .... Спаси́бо.

Machen Sie einen zweiten Versuch. Verwenden Sie erneut die vorgegebenen Wörter.

Не́ за что!	Извини́те	Иди́те пря́мо	Большо́е спаси́бо!
Там вы уви́дите	сверни́те нале́во	как попа́сть	на пра́вой стороне́

Б

тури́стка: (1) ...., пожа́луйста, (2) .... до по́чты?

ме́стный: Иди́те по э́той у́лице и на перекрёстке (3) ....
(4) .... до сле́дующей у́лицы, а пото́м сверни́те
напра́во. (5) .... кинотеа́тр. По́чта нахо́дится
в ста ме́трах (6) .... у́лицы, за суперма́ркетом.

тури́стка: Ита́к у перекрёстка нале́во, пото́м сле́дующая у́лица напра́во.
(7) ....

ме́стный: (8) ....

7.5 Разговóр по телефóну
Telefongespräche

Vervollständigen Sie in den beiden folgenden Telefongesprächen die Äußerugen des Anrufers durch die jeweils vorangestellten Ausdrücke.

Мóжно Бори́са	позвоню́ ещё раз	Приве́т от Са́ши
говори́т Ивано́в.	вы не ска́жете	вас плóхо слы́шно

А Разговóр из таксофóна в Москвé

- Аллó!
- Э́то (1) ....
- Прости́те, кто говори́т?
- Ивано́в, Никола́й Миха́йлович.
- Вам кого́?
- (2) .... Никола́евича?
- Моего́ сы́на нет до́ма.
- А (3) ...., когда́ он бу́дет до́ма.
- Че́рез час.
- Не по́нял, (4) ....
- Я ду́маю, он бу́дет до́ма че́рез час.
- Хорошо́, я (5).............. че́рез час.
- Подожди́те. Что Бори́су переда́ть?
- (6) .... из Сара́това. Мы ста́рые друзья́.
- Хорошо́, переда́м.
- Спаси́бо. До свида́ния.

Я вылета́ю за́втра.	Алло́! Москва́?	В де́сять часо́в утра́
Я звоню́ из	Не в де́вять	э́то ты?

Б Разговóр из Берли́на

- Алло́! Вас пло́хо слы́шно. Кого́ вам?
- (1) .... Попроси́те Григо́рия Петро́вича.
- Теперь слы́шу. Мину́точку. Григо́рий Петро́вич сейча́с подойдёт.
- Гри-го́-ри-я Пе-тро́-ви-ча. (2) .... Берли́на.
- А́нтье! Приве́т. Говори́ гро́мче, о́чень пло́хо тебя́ слы́шно.
- Григо́рий, (3) .... Здра́вствуй!
- Так. В кото́ром часу́?
- (4) .... Рейс Б-854.
- Во ско́лько? В де́вятъ?
- (5) .... по моско́вскому вре́мени.
- Так. В де́сять. Хорошо́. Встре́чу. Приве́т роди́телям и сестре́. До встре́чи.
- (6) ...., а в де́сять.

7.6 В магази́не

Im Geschäft

Durch ein Versehen sind in einem Lehrbuch der russischen Sprache die Reaktionen der beiden Kunden auf die Äußerungen des Verkaufspersonals falsch zugeordnet worden. Stellen Sie beide Gespräche wieder so her, wie sie im Geschäft jeweils abgelaufen sind.

А В кни́жном магази́не

1. Что вы хоти́те купи́ть?	а. Непло́хо, но он сли́шком дорого́й.
2. На́ши фотоальбо́мы о Москве́ стоя́т там.	б. Нет.
3. Вы уже́ нашли́ что́-нибудь?	в. Вы принима́ете неме́цкие ма́рки?
4. Как вам нра́вится э́тот альбо́м?	г. Вы правы́.
5. Вот друго́й. Он подеше́вле.	д. Фотоальбо́м о Москве́.
6. Э́тот фотоальбо́м хорошо́ продаётся.	е. Спаси́бо, де́вушка.
7. Э́то хоро́шая па́мять о Москве́.	ж. Каки́е краси́вые фотогра́фии!
8. Вам на́до заплати́ть за кни́гу в ка́ссе N 7.	з. Я куплю́ его́.

1.		2.		3.		4.		5.		6.		7.		8.	

Б **В бути́ке**

1. Вам помо́чь?	а. Нет, она́ мне мала́.
2. Како́й разме́р вам ну́жен?	б. Я бы хоте́ла купи́ть ю́бку.
3. Како́го цве́та?	в. Да, с удово́льствием.
4. Вы хоти́те приме́рить э́ту ю́бку?	г. Я возьму́ её.
5. Каби́ны там спра́ва.	д. Кра́сного и́ли зелёного.
6. Вам подхо́дит ю́бка?	е. Со́рок восьмо́й.
7. Приме́рьте э́ту. Она́ на разме́р бо́льше.	ж. Она́ сиди́т на мне хорошо́.
8. Она́ идёт вам.	з. Спаси́бо.

1.		2.		3.		4.		5.		6.		7.		8.	

7.7 На вечери́нке

Auf einer Party

1. Dies sind einige Gesprächsfetzen auf einer Party, die Ihnen noch in Erinnerung geblieben sind. Ordnen Sie die Reaktionen a. bis з. den Sätzen 1. bis 8. zu. Tragen Sie Ihre Lösungen in die Kästchen ein.

1. Кем вы рабо́таете?
2. Далеко́ ли отсю́да до вокза́ла?
3. Кто вы по национа́льности?
4. Здра́вствуйте, меня́ зову́т Франк Ма́йер.
5. Что вы де́лаете в свобо́дное вре́мя?
6. Отку́да вы?
7. Где вы живёте?
8. Произнеси́те фами́лию по бу́квам?

а. В Ве́ймаре на у́лице Ши́ллера.
б. Я мно́го занима́юсъ спо́ртом.
в. Из Ве́ймара, из Герма́нии.
г. В-Е-Г-Н-Е-Р.
д. О́чень рад вас ви́деть.
е. Францу́з.
ж. О́коло пяти́ киломе́тров.
з. Журнали́стом.

1.		2.		3.		4.		5.		6.		7.		8.	

2. Ordnen Sie auch diese Äußerungen einander entsprechend zu.

1. Под каки́м зна́ком зодиа́ка вы родили́сь?
2. Как дела́?
3. Пора́ проща́ться.
4. Кото́рый час?
5. Разреши́те прикури́ть?
6. Приве́т, Ра́я.
7. Спаси́бо за приглаше́ние.
8. Что вы бу́дете пить?

а. Что уже́ сейча́с?
б. Полдеся́того.
в. Спаси́бо, что вы пришли́.
г. Ча́шку ко́фе, пожа́луйста.
д. Приве́т, Ки́ра.
е. Спаси́бо, хорошо́, а у вас?
ж. Под зна́ком Ра́ка, а вы?
з. Я некуря́щий.

1.		2.		3.		4.		5.		6.		7.		8.	

8. Kapitel

Сло́во-грамма́тика

Wortgrammatik

1. Grammatik besteht aus Wortformen, Funktionswörtern und Regeln.

Grammatik formiert Wörter zu Sätzen und Texten. Dazu müssen die Wörter, die Sie kennen oder sich gerade aneignen, in einer bestimmten zu den anderen Wörtern im Satz passenden Form und Folge verwendet werden. Lernen Sie neue Wörter, so gehören folglich auch ihre grammatischen Formen und ihr Gebrauch in der Wortgruppe und im Satz dazu. Bei einer formenreichen Sprache wie der russischen ist das besonders wichtig. Verbessern Sie Ihr Russisch, indem Sie bei der Aneignung neuen Wortschatzes den grammatischen Wortformen und ihrer Verknüpfbarkeit mit anderen Wörtern entsprechende Aufmerksamkeit widmen.

2. Ordnen Sie Form und Funktion der anzueignenden Wörter in Ihre Vorstellungen von der russischen Sprache als System ein.

Machen Sie sich beim Lernen neuer Verben deren Konjugationstyp, Aspekt und Rektion (d.h., welchen Fall das Verb verlangt) und bei Substantiven deren Geschlecht und Deklinationstyp klar. Setzen Sie diese Formen und Merkmale zu denen bereits bekannter Wörter in Beziehungen, und prägen Sie sie sich gut ein.

3. Notieren Sie sich alle wichtige Wortformen, die von den Haupttypen der Konjugation bzw. Deklination des Russischen oder in ihrem Gebrauch vom Deutschen abweichen.

Schreiben Sie sich z.B. hinter занима́ться чем/с кем als Hinweis auf den Gebrauch ohne bzw. mit Präposition und den regierenden Fall (= 5. Fall) sowie in Klammern ein e (= e-Konjugation) oder die Formen der 1. und 2. Person Singular, also я занима́юсь, ты занима́ешься. Bei Substantiven und Adjektiven vermerken Sie sich außer dem Nominativ Singular nur die abweichenden Formen, z.B. bei го́род N(ominativ) Pl(ural) города́ und bei хорошо́ den Komparativ лу́чше.

8.1 Существи́тельные, име́ющие оконча́ние -и в имени́тельном падеже́ мно́жественного числа́

Substantive mit der Endung -и im Nominativ Plural

Die meisten männlichen und weiblichen Substantivformen bilden den Nominativ Plural durch Anhängen von -ы bzw. Ersetzen von -а durch -ы, z.B.

фильм → фи́льмы, карти́на → карти́ны.

Einige jedoch, in der Regel die mit hartem Stammauslaut auf -г, -к, -х oder Zischlaut sowie mit weichem Stammauslaut (gekennzeichnet durch -ь, -й, -я), enden auf -и, z.B.

су́мка → су́мки, кни́га → кни́ги, тетра́дь → тетра́ди,
каранда́ш → карандаши́.

Es lohnt sich, bei neugelernten Substantiven neben dem Deklinationstyp zunächst auch diese und später dann vor allem die unregelmäßigen Formen im Nominatv Plural einzuprägen, da der Nominativ Plural relativ oft verwendet wird.

1. Konzentrieren Sie sich hier vor allem auf den Nominativ Plural der oben beschriebenen Substantive. Aufgepasst, nicht alle Übungsbeispiele enden auf -и!

1. га́лстук	....	москви́ч	....	статья́	....
2. блу́зка	....	ю́ноша	....	фотогра́фия	....
3. руба́шка	....	де́вушка	....	пло́щадь	....
4. ма́йка	....	подру́га	....	музе́й	....
5. ю́бка	....	инжене́р	....	кре́пость	....
6. костю́м	....	строи́тель	....	универма́г	....
7. ша́пка	....	био́лог	....	рестора́н	....

2. Vervollständigen Sie diese Sätze, indem Sie die Substantive in Klammern im Plural ergänzen.

1. Я сейча́с накро́ю на сто́л. Где .... ? (нож, ви́лка и ло́жка)
2. Напиши́ на́шим друзья́м. Вот .... (откры́тка и ма́рка)
3. Э́то там на фотогра́фии .... из Москвы́? (де́вушка и ю́ноша)
4. Мне нужны́ .... (слова́рь и энциклопе́дия)
5. За́втра к нам в го́сти приду́т .... ? (америка́нка и фи́нка)
6. Мне нра́вятся э́ти наро́дные ....(пе́сня и ска́зка)

3. Notieren Sie weitere männliche und weibliche Substantive, die im Nominativ Plural auf -и enden.

8.2 Спряже́ние глаго́лов
Konjugation der Verben

Die Verben gehören in der Regel der е- oder der и-Konjugation an. Da diese Zugehörigkeit nicht so einfach zu erkennen ist, lernen Sie den Konjugationstyp am besten mit.

1. Ordnen Sie die folgenden Verbformen entweder der е- oder der и-Konjugation zu, und bilden Sie mündlich, sofern nicht vorgegeben, zusätzlich die der 1. und 2. Person Singular.

встре́тите, живёт, лежи́м, пи́шем, отве́тят, разгова́ривают, смо́трит, танцу́ю, хо́чет, хотя́т

1. е- Konjugation	2. и- Konjugation	3. е- und и- Konjugation

Der Konjugationstyp sagt verlässlich nur darüber etwas aus, ob in den Endungen der 2. und 3. Person Singular und der 1. und 2. Person Plural -е- oder -и- sowie in der 3. Person Plural -ют/ -ут oder -ят/ -ат auftreten. Prägen Sie sich deshalb als Leitbilder zusätzlich bestimmte Konjugationsmuster ein.

2. Ordnen Sie die folgenden Verben demjenigen der vorgegebenen Muster zu, das ebenso wie das betreffende Verb konjugiert wird.

бесе́довать, благодари́ть, буди́ть, ве́сить, води́ть, звони́ть, красне́ть, находи́ть, носи́ть, открыва́ть, покупа́ть, понима́ть, пригласи́ть, проводи́ть, проси́ть, симпатизи́ровать, слу́шать, слабе́ть, спо́рить, старе́ть, стро́ить, уме́ть, уча́ствовать, чу́вствовать

чита́ть: чита́ю, -ешь	име́ть: име́ю, -ешь	рисова́ть: рису́ю, -ешь
говори́ть: -рю́, -и́шь	спроси́ть: -шу́, -сишь	ходи́ть: -жу́, -дишь

8.3 Глаго́лы с отступа́ющим от неме́цкого языка́ управле́нием

Verben mit vom Deutschen abweichender Rektion

Nach einer Reihe russischer Verben steht das abhängige Ergänzungsglied in einem anderen Fall als im Deutschen. Prägen Sie sich deshalb bei diesen Verben zusammen mit deren Wortbedeutung und Konjugation zusätzlich ihre Rektion ein.

1. Ordnen Sie je vier der folgenden Verben in eine Spalte der Tabelle ein. Achten Sie dabei auf den Fall, in den vom Verb abhängige Ergänzungsglieder zu setzen sind.

благодари́ть, боя́ться, горди́ться, ду́мать, жела́ть, забыва́ть, зави́довать, занима́ться, звони́ть, игра́ть, интересова́ться, мечта́ть, меша́ть, поздравля́ть, по́льзоваться, по́мнить, спра́шивать, тре́бовать, удивля́ться, хоте́ть

кого́? чего́?	(к) кому́?/чему́	кого́? (во) что?	кем? чем?	о ком? о чём?
хвата́ть	гото́виться к		увлека́ться	по́мнить о

2. Verbinden Sie nachstehende Verben mit möglichst vielen der folgenden Substantive: друг, подру́га, друзья́ sowie успе́х, сча́стье, де́ньги.
Achten Sie dabei neben der Rektion des Verbs auch auf Geschlecht und Zahl der Substantive!

1. жела́ть ....
2. мечта́ть ....
3. поздравля́ть .... с ....
4. благодари́ть .... за по́мощь
5. горди́ться ....
6. зави́довать ....

8.4 Ра́зные ру́сские предло́ги то́лько с одни́м неме́цким эквивале́нтом

Verschiedene russische Präpositionen mit nur einer deutschen Entsprechung

Gelegentlich stehen einer deutschen Präposition mehrere russische Entsprechungen mit anderem Bedeutungsumfang als im Deutschen gegenüber. Vergleichen Sie z.B.: für den Bruder – для бра́та, für 20 000 Rubel – за 20 000 рубле́й, für einen Monat – на ме́сяц, Fachmann für Elektronik – специали́ст по электро́нике.

1. Grenzen Sie die präpositionalen Fügungen in ihrem Gebrauch voneinander ab. Ordnen Sie sie einer der in der Tabelle genannten Bedeutungen zu.

купи́ть для дру́га, пое́хать на три дня в Москву́, на неде́лю, боро́ться за мир, пода́рок за 100 000 рубле́й, пода́рок для дру́га, благодари́ть за пода́рок, биле́т в кино́, специали́ст по компью́терной те́хнике

für jemanden	für ein Ziel, eine Gegenleistung	für einen Zeitraum, einen bestimmten Zweck	für ein Fachgebiet, eine best. Veranstaltung

2. Fügen Sie die fehlenden Präpositionen in die Fragen ein: для, за, на, по oder в. **Orientieren Sie sich im Zweifelsfall an den Formen der Fragepronomen.**

1\. . . . каку́ю пье́су ты купи́л биле́ты . . . теа́тр?

2\. . . . кого́ ты заказа́л места́ в рестора́не?

3\. . . . кого́ э́тот биле́т?

4\. Э́то врач . . . глазны́м боле́зням?

5\. . . . како́е вре́мя?

6\. . . . что ты благодари́шь меня́?

7\. . . . ско́лько рубле́й?

8.5 Соверше́нный и́ли несоверше́нный вид?
Vollendeter oder unvollendeter Aspekt?

Einem deutschen Verb entsprechen meistens zwei russische Verben mit derselben Wortbedeutung, z. B. schreiben – написа́ть (vollendeter Aspekt) und писа́ть (unvollendeter Aspekt). Prägen Sie sich beide ein. Verwenden Sie den vollendeten Aspektpartner, wenn Sie das Ergebnis oder die Einmaligkeit hervorheben, das unvollendete Verb, wenn Sie den Verlauf oder die Mehrmaligkeit einer Handlung betonen wollen.

1. Ordnen Sie die folgenden Verben nach ihrer Aspektzugehörigkeit.
Den vollendeten Aspekt erkennen Sie in der Regel am Präfix, den unvollendeten Aspekt an den Suffixen -ыва-/-ива-, -ва- und -а- bzw. -я-.
дава́ть, дать, де́лать, сде́лать, отве́тпть, отвеча́ть, прослу́шать, слу́шать, прочита́ть, чита́ть, спра́шивать, спроси́ть

vollendeter Aspekt	unvollendeter Aspekt

2. Entscheiden Sie, welche Äußerung Ihren Aussageabsichten entspricht.

1. Sie wollen sagen, dass Sie dabei waren, einen Brief zu schreiben.
а) Я написа́л письмо́, когда́ к нам пришли́ го́сти.
б) Я писа́л письмо́, когда́ к нам пришли́ го́сти.

2. Sie möchten Ihrem Briefpartner mitteilen, dass Sie am Sonntag um 10.00 Uhr in Moskau ankommen werden.
а) В воскресе́нье в 10 часо́в я прие́ду в Москву́.
б) В воскресе́нье в 10 часо́в я приезжа́ю в Москву́.

3. Sie wollen ausdrücken, dass Ihre Schwester den Inhalt des Briefes kennt.
а) Моя́ сестра́ прочита́ла письмо́.
б) Моя́ сестра́ чита́ла письмо́.

3. Setzten Sie прочита́ть oder чита́ть in der erforderlichen Form ein.
– Гри́ша, что ты де́лал вчера́ ве́чером?
– Я ....
– Что ты .... ?
– Я .... ба́сни Крыло́ва.
– Понра́вились?
– Да, понра́вились.
– Ты всю кни́гу .... ?
– Нет, я .... то́лько пять ба́сен.

8.6 Глаго́л определённого и́ли неопределённого движе́ния?

Bestimmtes oder unbestimmtes Verb der Fortbewegung?

Es gibt im Russischen 14 unvollendete Verbpaare, von denen die bestimmten Verben jeweils eine Fortbewegung in nur einer Richtung ausdrücken, die unbestimmten Verben eine Fortbewegung nicht nur in einer Richtung.

1. Überprüfen Sie sich selbst, ob Sie die Ihnen bekannten Verben der Fortbewegung einander richtig zuordnen können. Tragen Sie sie in die entsprechende Spalte ein.

идти́, ходи́ть; е́здить, е́хать; бе́гать, бежа́ть; лета́ть, лете́ть; пла́вать, плыть; нести́, носи́ть; везти́, вози́ть; вести́, води́ть

1. bestimmte Verben	2. unbestimmte Verben

2. Machen Sie sich noch einmal die Grundregel für den Gebrauch dieser Verben klar, und setzen Sie dann das erforderliche Verb in der entsprechenden Form ein.

а) идти́ oder ходи́ть?
- Приве́т, О́ля! Куда́ ты .... ?
- Я .... к ба́бушке. Я ча́сто .... к ней.

б) лете́ть oder лета́ть?
- Куда́ вы .... ?
- Мы .... в Санкт-Петербу́рг.
- Вам нра́вится .... на самолёте?
- Да, мы о́чень лю́бим .... на самолёте.

в) е́хать oder е́здить?
- Во вре́мя после́днего о́тпуска мы .... на маши́не в А́льпы. Э́то бы́ло интере́сно.
- Вы всегда́ .... на маши́не в о́тпуск?
- Да, всегда́.

8.7 Глаго́лы движе́ния с приста́вками

Präfigierte Verben der Fortbewegung

Die Verbpaare der Fortbewegung (vgl. 8.6) können sich mit Präfixen räumlicher Bedeutung zu echten Aspektpaaren verbinden und ziehen dann bestimmte Präpositionen nach sich, z.B. hineingehen, eintreten: войти́ (vollendet) – входи́ть (unvollendet) в + Akkusativ oder hinausgehen, heraustreten: вы́йти (vollendet) – выходи́ть (unvollendet) из + Genitiv.

Wenn Sie sich präfigierte Verben der Fortbewegung einprägen, lernen Sie am besten die Präposition(en) in der rechten oberen Ecke der Spalte gleich mit. Machen Sie sich dabei die Beziehungen zwischen Präfix und Präposition(en) klar.

1. Ergänzen Sie die fehlenden vollendeten Verben.

при- ➔□	к, в, на	у- □➔	от, из, с	в(о) в(ъ)-	в ➔]	вы- [➔	из	под- (о, ъ)	к ➔□	от- (о, ъ)	от, в, на
прийти́		уйти́		войти́				подойти́		отойти́	
прие́хать				въе́хать				подъе́хать			
прибежа́ть		убежа́ть				вы́бежать				отбежа́ть	
прилете́ть						вы́лететь					

2. Vervollständigen Sie nun diese Tabelle mit den entsprechenden unvollendeten Aspektpartnern.

при- ➔□	к, в, на	у- □➔	от, из, с	в(ъ)- ➔]	в	вы- [➔	из	под(ъ)- ➔□	к	от- □➔	от, в, на
приходи́ть		уходи́ть									
приезжа́ть				въезжа́ть				подъезжа́ть			
прибега́ть						выбега́ть					
прилета́ть										отлета́ть	

3. Lesen Sie und ergänzen Sie die fehlenden Präfixe.

Пешко́м в кино́

Я . . . шел из кварти́ры в 16 часо́в, зашёл к подру́ге. Её не́ было до́ма, она́ . . . шла в 16 часо́в. Я . . . шёл до кино́, . . . шёл к афи́ше, . . . шёл от афи́ши, . . . шёл в фойе́ кино́, купи́л два биле́та, . . . шел из фойе́ и подожда́л подру́гу пе́ред кинотеа́тром.

8.8 Свой и́ли его́, её, их?

Свой oder его́, её, их?

Überall dort, wo zur Bezeichnung eines Sachverhaltes das Deutsche nur über *ein* Wort, z.B. sein, ihr, ihre, das Russische aber über *zwei* (oder mehr) Entsprechungen, z.B. свой oder его́, свой oder её, свой oder их verfügt, reicht es nicht aus, wenn Sie sich die Wortbedeutung und die Wortformen aneignen. Verschaffen Sie sich in solchen Fällen zusätzliche Klarheit darüber, welches russische Wort das bezeichnet, was Sie in der jeweiligen Situation ausdrücken wollen.

Während im Deutschen offen bleibt, ob *sein* Buch das *eigene* oder das *eines anderen* ist, differenziert hier der Russe. Er verwendet die erforderliche Form von свой in den Bedeutungen „sein“, „ihr“ und „ihre“, wenn das Subjekt *desselben* Satzes der Besitzer ist, in allen anderen Fällen unveränderliches его́ für einen männlichen, её für einen weiblichen oder их für mehrere (*andere*) Besitzer.

1. Его́, её oder их? Ergänzen Sie.

1. Ири́на и Ма́ртин перепи́сываются друг с дру́гом . . . . хо́бби – почто́вые ма́рки.
2. Ири́на собира́ет неме́цкие ма́рки. В . . . колле́кции есть ма́рка 1880 го́да.
3. Ма́ртин собира́ет ру́сские ма́рки. В . . . колле́кции мно́го интере́сных ма́рок.
4. Смотри́те, вот письмо́ из Сиби́ри. На . . . конве́рте се́рия ма́рок в па́мять о знамени́тых ру́сских писа́телях. На ма́рках . . . портре́ты.

2. Setzen Sie свой in der erforderlichen Form ein.

Мой брат провёл неде́лю ле́тних кани́кул со сво__ подру́гой в Росси́и. Они́ бы́ли в гостя́х у сво__ друзе́й в Москве́. Москвичи́ показа́ли сво__ гостя́м из Герма́нии достопримеча́тельности росси́йской столи́цы. Мой брат и его́ подру́га ча́сто вспомина́ют о сво__ пе́рвой пое́здке в Росси́ю. Э́то бы́ли незабыва́емые дни со ста́рыми и но́выми друзья́ми.

3. Testen Sie sich nun, wann свой und wann его́, её bzw. их zu verwenden ist.

1. – Лари́са до́ма?
   – Нет, она́ помога́ет ...... ба́бушке в саду́.
   – А где сад ...... ба́бушки?
   – Недалеко́ отсю́да.
2. Мой друг и ...... сестра́ пое́дут со ...... роди́телями на да́чу. Да́ча ...... роди́телей нахо́дится под Москво́й.

8.9 Сою́зы что - что́бы, е́сли - когда́, потому́ что - та́к как

Konjunktionen, deren Gebrauch Schwierigkeiten bereitet

Konjunktionen verbinden im Russischen wie im Deutschen Wörter, Wortgruppen und Sätze. Da sie unveränderlich sind, bereitet ihr Gebrauch in den meisten Fällen keine größeren Schwierigkeiten. Diese können sich einstellen, wenn Sie z.B. im Wörterbuch hinter что und что́бы beide Male die Bedeutung „dass“, hinter е́сли und когда́ „wenn“ und hinter потому́ что und та́к как „weil, da“ finden.

А Что oder что́бы?
Leiten Sie durch что eine Feststellung, durch что́бы eine Absicht (Хочу́, ...), Bitte (Прошу́, ...), Forderung (Тре́бую/Ну́жно/на́до/необходи́мо, ...) oder einen Wunsch (Жела́ю, ...) ein. Achten Sie darauf, dass nach что́бы das Verb im Präteritum steht.

1. Я хочу́, ... на́ша кома́нда вы́играла. 2. Я узна́л, ... на́ша кома́нда вы́играла. 3. Ну́жно, ... все хорошо́ тренирова́лись. 4. Мы тре́буем, ... тре́нер дал всем шанс. 5. Тре́нер сказа́л мне, ... он дово́лен кома́ндой. 6. Он попроси́л меня́, ... я заказа́л биле́ты в теа́тр для всей кома́нды.

Б Е́сли oder когда́?
Kündigen Sie eine Bedingung durch е́сли, eine zeitliche Aussage durch когда́ an.

1. . . . . . вы хоти́те, мы ку́пим биле́ты в спа́льный ваго́н. 2. . . . . . мы уви́димся, поговори́м об э́том. 3. Я приду́ к вам, ... ко́нчится дождь. 4. . . . . не забу́ду, я покажу́ вам откры́тку с ви́дом на́шего до́ма о́тдыха. 5. . . . . вы согла́сны, пойдём вме́сте в бюро́ путеше́ствий. 6. . . . . . у вас нет вре́мени, я оди́н пойду́ туда́.

В Потому́ что oder та́к как?
Beginnen Sie Ihre Begründung nur nach vorausgehendem Hauptsatz mit потому́ что, leiten Sie sie sonst mit та́к как ein.

Извине́ния

1. Вале́рий Миха́йлович не смо́жет прийти́, ... он о́чень за́нят. 2. Ири́ны Петро́вны сего́дня нет, ... она́ заболе́ла. 3. . . . . . у И́горя Петро́вича мно́го рабо́ты, он опозда́ет на 30 мину́т. 4. Еле́на Па́вловна придёт то́лько че́рез час, ... она́ опозда́ла на авто́бус. 5. . . . . . Ната́лия Влади́мировна попа́ла в автоава́рию, неизве́стно когда́ она́ придёт. 6. Анато́лий Ива́нович извини́лся, ... он в э́тот день в командиро́вке.

8.10 Нерегуля́рные слу́чаи сравни́тельной сте́пени прилага́тельных и наре́чий

Unregelmäßige Komparativformen der Adjektive und Adverbien

Damit Sie mit Hilfe von Adjektiven und Adverbien auch Vergleiche zwischen Personen und Gegenständen ausdrücken können, sollten Sie die 1. Steigerungsform, den Komparativ, mitlernen, wenn diese unregelmäßig gebildet wird.

1. Finden Sie von den vorgegebenen Komparativformen jeweils diejenigen mit entgegengesetzter Bedeutung heraus und ordnen Sie sie zu Paaren.

бо́льше, вы́ше, глу́бже, гро́мче, деше́вле, доро́же, лу́чше, ме́ньше, моло́же, ни́же, по́зже, ра́ньше, ре́же, ста́рше, ти́ше, у́же, ху́же, ча́ще, ши́ре

1. .... 2. .... 3. .... 4. .... 5. ....
6. .... 7. .... 8. .... 9. .... 10. ....

2. Treffen Sie Aussagen über Ihr Alter, Ihre Größe, Lernergebnisse und Trainingshäufigkeit, indem Sie sich mit Menschen vergleichen, die sich hierhin von Ihnen unterscheiden.

1. Я моло́же, чем ...., но ....

2. Я ....

3. Я учу́сь ....

4. Я трениру́юсь ....

3. Vergleichen Sie Territorien, Städte, Berge und Seen und treffen Sie darüber vergleichende Aussagen.

1. Росси́я (17 075 400 км2) – Герма́ния (356 945 км2); 2. Мю́нхен (1 257 000 жи́телей) – Берли́н (3 466 000 жи́телей); 3. Цу́гшпитце (2963 м.) – Фи́хтельберг (1214 м.); 4. глубина́ Бо́денское о́зеро (254 м.) – Короле́вское о́зеро (189 м.)

1. Росси́я ...., чем Герма́ния. 2. Мю́нхен ...., чем Берли́н. 3. Цу́гшпитце ...., чем Фи́хтельберг. 4. Бо́денское о́зеро ...., чем Короле́вское о́зеро.

8.11 Выраже́ние неопределённости
Ausdruck der Unbestimmtheit

Wenn Sie im Wörterbuch nach der russischen Entsprechung von „jemand" suchen, werden Ihnen кто́-то, кто́-нибудь und evtl. noch mehr Wörter angeboten. Ebenso unter den Stichwörtern „etwas" - что́-то, что́-нибудь, „irgendwo" - где́-то, где́-нибудь und „einst" - когда́-то, когда́-нибудь. Offen bleibt gewöhnlich, wann Sie welches der beiden Wörter verwenden müssen.

Gebrauchen Sie die unbestimmten Pronomen und Adverbien mit -то, wenn Ihnen die betreffende Person oder der Gegenstand unbekannt ist, anderen hingegen durchaus bekannt sein kann. Verwenden Sie -нибудь dann, wenn Person oder Gegenstand allen Beteiligten völlig gleichgültig (und vermutlich unbekannt) ist.

1. Кто́-то oder кто́-нибудь? Что́-то oder что́-нибудь? Setzen Sie ein.

а. – Меня́ .... иска́л?

– Да, ... спра́шивал вас по телефо́ну. Но я не зна́ю, кто э́то был. Како́й-то мужчи́на.

б. – Почему́ верну́лась Раи́са?

– Она́ .... забы́ла.

– Она́ всегда́ .... забыва́ет: и́ли де́ньги и́ли очки́ и́ли биле́ты.

2. Где́-то oder где́-нибудь? Когда́-то oder когда́-нибудь? Wie ist es richtig?

а. – Ми́ша, ты .... игра́л в волейбо́л?

– .... игра́л, но о́чень давно́. Я тепе́рь игра́ю в те́ннис.

б. – У тебя́ есть .... мяч?

– .... есть. Посмотри́ в шкафу́.

3. ...-то oder ...-нибудь? Ergänzen Sie.

а. – Вы бы́ли .... ра́ньше в Москве́?

– Был ...., мно́го лет наза́д. Здесь всё о́чень измени́лось.

б. – Есть здесь .... ря́дом апте́ка?

– Я не зна́ю. Спроси́те .... ещё.

в. – Ты .... ви́дел в кио́ске план го́рода Москвы́?

– Да, ... ви́дел. Напро́тив по́чты, ка́жется.

9. Kapitel

И́гры

Spiele

1. Russisch macht Spaß.

Wenn Sie beim Lernen keinen Spaß haben, stellt sich der gewünschte Lernerfolg nur schwerlich ein. Falls Sie etwas langweilig finden, hören Sie lieber damit auf. Sie lernen am besten, wenn Sie interessiert und engagiert sind.

2. Wenn Sie Spaß an Lernspielen haben, versuchen Sie, sich mehr davon zu beschaffen.

Lernspiele fördern Aktivität, Entdeckerfreude, Abwechslung und Lernerfolg! Durch sie gelingt es bestimmt auch Ihnen, Aufgaben ausdauernder und exakter auszuführen. Die mit dem Lernen verbundenen Anstrengungen werden beim Spielen nämlich gar nicht als solche empfunden.

3. Auch manche der Ihnen vertrauten Tischspiele lassen sich zum Russischlernen nutzen.

Versuchen Sie es doch mal mit „Memory“ oder mit „Stadt, Land, ...“ in abgewandelter Form. So können Sie z.B. für „Memory“ Abbildungen jeweils zweimal kopieren, ausschneiden und immer eine der beiden beschriften. Danach breiten Sie die unbeschrifteten Kärtchen auf der linken Tischhälfte und die beschrifteten Kärtchen auf der rechten Tischhälfte mit der Abbildung nach unten aus. Decken Sie nun eine der unbeschrifteten Kärtchen auf, benennen Sie die abgebildete Person oder den dargestellten Gegenstand, und suchen Sie auf der rechten Tischhälfte nach der gleichen beschrifteten Abbildung. Wenn beide Abbildungen einander entsprechen, legen Sie das Kartenpaar beiseite und beginnen von vorn.
Für „Stadt, Land, ...“ bereiten Sie sich ein Blatt Papier mit den Spalten „бу́ква“, „лицо́“, „предме́т“, „де́ятельность“ und „ка́чество“ vor. Danach tragen Sie in die 1. Spalte einen Buchstaben Ihrer Wahl und in die übrigen Spalten je ein passendes Wort ein, das mit diesem Buchstaben beginnt.
Noch mehr Spaß machen diese Spiele zu zweit oder zu dritt!

9.1 Зме́йка слов
Wortschlange

Vervollständigen Sie die Schlange mit den Wörtern, die Sie in die Scherze einfügen. Der letzte Buchstabe des vorangehenden Wortes in der Schlange ist gleichzeitig der erste des folgenden einzufügenden Wortes.

Альтенбу́рге	вот	Енс	каки́м
мада́м	ма́ма	мно́го	орфогра́фии
Я́ков	сыно́к	там	элега́нтная

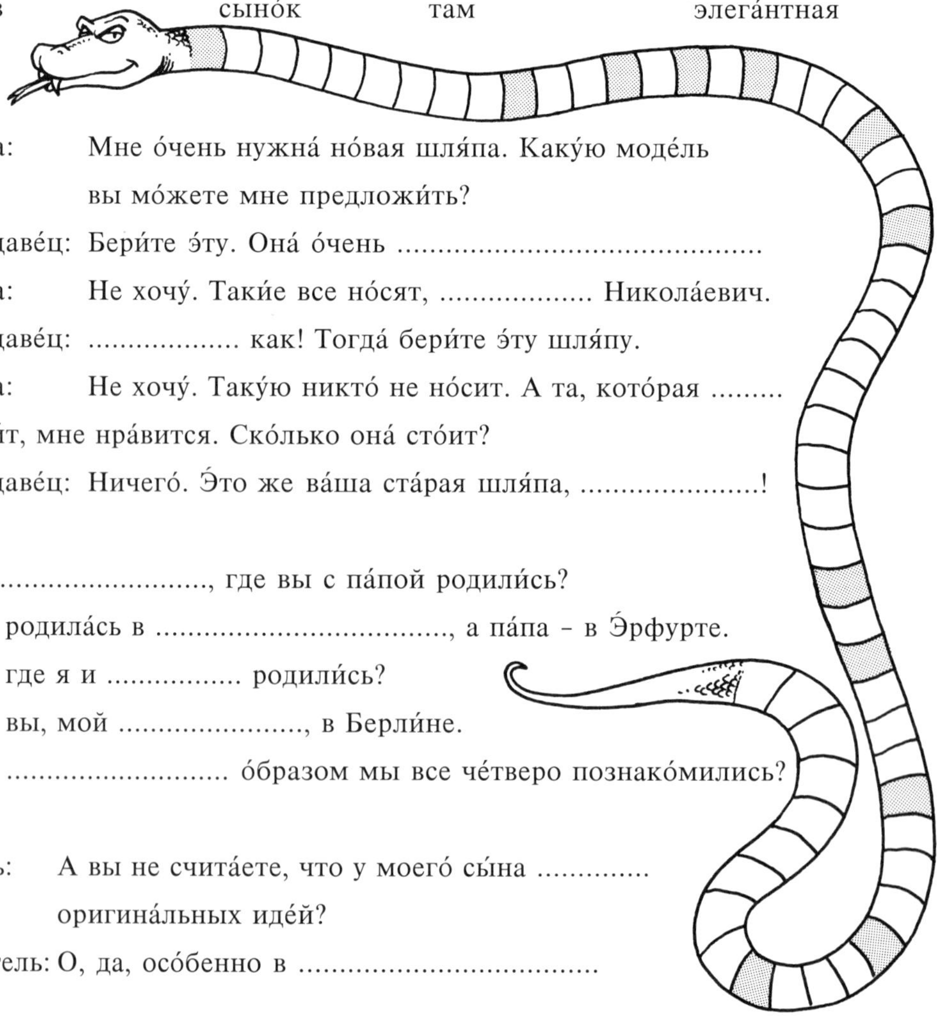

Да́ма: Мне о́чень нужна́ но́вая шля́па. Каку́ю моде́ль вы мо́жете мне предложи́ть?

Продаве́ц: Бери́те э́ту. Она́ о́чень ....

Да́ма: Не хочу́. Таки́е все но́сят, ... Никола́евич.

Продаве́ц: .... как! Тогда́ бери́те э́ту шля́пу.

Да́ма: Не хочу́. Таку́ю никто́ не но́сит. А та, кото́рая .... лежи́т, мне нра́вится. Ско́лько она́ сто́ит?

Продаве́ц: Ничего́. Э́то же ва́ша ста́рая шля́па, ...!

- ...., где вы с па́пой родили́сь?
- Я родила́сь в ...., а па́па – в Э́рфурте.
- А где я и .... родили́сь?
- А вы, мой ...., в Берли́не.
- А .... о́бразом мы все че́тверо познако́мились?

Мать: А вы не счита́ете, что у моего́ сы́на .... оригина́льных иде́й?

Учи́тель: О, да, осо́бенно в ....

In dieser „Wortschlange" sind 16 Wörter versteckt, die Sie von Speise- und Getränkekarten kennen. Finden Sie sie?

хлеблинчикикрананасалатортоникакаовощизюмолококрошкаперитивиномлетыква

9.2 Виктори́на

Quiz

Wie gut kennen Sie die russische Musik? Kreuzen Sie die richtige Auswahlantwort an!

1. Кто счита́ется основополо́жником ру́сской класси́ческой му́зыки?
☐ а) М. И. Гли́нка ☐ б) А. К. Глазуно́в ☐ в) Ч. А. Ри́мский-Ко́рсаков

2. Кто а́втор бале́тов „Лебеди́ное о́зеро“, „Спя́щая краса́вица“ и „Щелку́нчик“?
☐ а) С. С. Проко́фьев ☐ б) Д. Д. Шостако́вич ☐ в) П. И. Чайко́вский

3. Кто счита́ется изве́стным ру́сским компози́тором и хи́миком?
☐ а) М. П. Му́соргский ☐ б) А. П. Бороди́н ☐ в) М. И. Гли́нка

4. Что тако́е – гу́сли?
☐ а) ру́сский наро́дный музыка́льный инструме́нт
☐ б) ру́сская рок-гру́ппа
☐ в) назва́ние о́перы Чайко́вского

5. Кем был Фёдор Ива́нович Шаля́пин?
☐ а) компози́тором ☐ б) дирижёром ☐ в) певцо́м

6. Каки́м музыка́льным произведе́нием явля́ется „Ива́н Суса́нин“?
☐ а) бале́том ☐ б) о́перой ☐ в) канта́той

7. Кто сочини́л изве́стную 7-ю Ленингра́дскую симфо́нию?
☐ а) Д. Д. Шостако́вич ☐ б) И. А. Дунае́вский ☐ в) Б. А. Алекса́ндров

8. Кем был Дави́д О́йстрах?
☐ а) пиани́стом ☐ б) скрипачо́м ☐ в) трубачо́м

9. Кто счита́ется кла́ссиком совреме́нной ру́сской а́вторской пе́сни?
☐ а) Высо́цкий ☐ б) Окуджа́ва ☐ в) Га́лич

10. Чьё и́мя но́сит междунаро́дный музыка́льный ко́нкурс, кото́рый прово́дится в Москве́ с 1958 го́да?
☐ а) и́мя Гли́нки ☐ б) и́мя Му́соргского ☐ в) и́мя Чайко́вского

9.3 Кроссво́рд

Kreuzworträtsel

Lösen Sie das Kreuzworträtsel.

●	●	●	●	●	●	●	●	●	●	●	●	1		2			●	●	●	●	●	●	3	●	●	4
●	5				6				●	●	●	●	●		●	●	●	●	●	●	7					
●	●	●	●	●		●	●	●	●	●	●	●	●		●	●	8	●	●	●	●	●		●	●	
●	9	●	10					●	11	●	●	12							●	●	●	●		●	●	
●		●	●	●		●	●	●		●	●	●	●		●	●		●	●	●	13	●		●	●	
●	14										●	●	●		●	●		●	●	●		●	●	●	●	
●	●	●	●	●		●	●	●		●	15	●	●	●	●	16										
●	17	18						●	●	19				20	●	●		●	●	●		●	●	●	●	
●	●		●	●		●	●	●	●	●		●	●		●	●		●	●	21					●	
●	●		●	22								●	●	23						●		●	●	●	●	●
●	●		●	●		●	●	●	●	●		●	●		●	●		●	●	●		●	●	●	24	●
25									●	●		●	26			27			●	28			29			
●	●		●	●		●	●	●	●	●		●	●		●		●	●	●	●	●	●		●		●
●	●		●	●		●	●	30						●	●		●	●	●	●	●	●		●		●
●	●		●	●		●	●	●	●	●	●	●	●	●	31									●		●
●	●		●	●	●	●	●	●	●	●	●	●	●	●	●		●	●	●	●	●	●		●		●
●	●	●	●	●	●	●	●	32									●	●	●	●	●	●	●	●	●	●

По горизонта́ли:

1 Kegeln 5 Schießen 7 Hantel 10 Rugby 12 Bobsport 14 Turnen 16 Pferdesport 17 Schach 19 Golf 21 Kanu 22 Schwimmen 23 Tennis 25 Basketball 26 Hockey 28 Handball 30 Slalom 31 Skateboard 32 Radsport

По вертика́ли:

2 Rudern 3 Tanz 4 Badminton 6 Leichtathletik 8 Fechten 9 Laufen 11 Boxen 13 Kajak 15 Volleyball 18 Autosport 20 Fußball 24 Ringen 27 Kricket 29 Judo

Тест 1

Test 1

Testen Sie sich selbst, wie Sie das Gelernte beherrschen. Wählen Sie das jeweils am besten passende Wort.

1. На се́вере Герма́ния грани́чит с ....
   а. Норве́гией б. Шве́цией в. Да́нией г. По́льшей

2. .... – са́мая больша́я из шестна́дцати федера́льных земе́ль.
   а. Бава́рия б. Бра́нденбург в. Ге́ссен г. Ни́жняя Саксо́ния

3. Дре́зден - администрати́вный центр ....
   а. Тюри́нгии б. Саа́ра в. Саксо́нии г. Ба́дена-Вю́ртембе́рга

4. Я живу́ в земле́ .... недалеко́ от Ко́бленца.
   а. Бава́рия б. Саксо́ния в. Ге́ссен г. Ре́йнланд-Пфальц

5. Вот вы ви́дите .... с ви́дом на́шей ра́туши.
   а. ка́рту б. биле́т в. меню́ г. откры́тку

6. Террито́рия Росси́и ...., чем террито́рия Герма́нии.
   а. ме́ньше б. бо́льше в. вы́ше г. глу́бже

7. Росси́я занима́ет больши́е ча́сти Евро́пы и ....
   а. А́фрики б. А́зии в. Аме́рики г. Австра́лии

8. Му́рманск – большо́й го́род .... Росси́и.
   а. на за́паде б. на восто́ке в. на се́вере г. на ю́ге

9. Москва́ ...., чем Санкт-Петербу́рг.
   а. ра́ньше б. по́зже в. моло́же г. ста́рше

10. Телеба́шня в Москве́ ...., чем телеба́шня в Мю́нхене.
    а. ни́же б. вы́ше в. бо́льше г. ме́ньше

11. Мне шестна́дцать ....
    а. год б. го́да в. го́ды г. лет

12. Мой рост метр девяно́сто. Я .... ро́ста.
    а. высо́кого б. невысо́кого в. сре́днего г. ма́ленького

13. У меня́ .... как не́бо глаза́.
    а. кра́сные б. жёлтые в. голубы́е г. си́ние

14. Я пло́хо ви́жу. Мне нужны́ но́вые ....
    а. ту́фли б. брю́ки в. глаза́ г. очки́

15. Я из Ле́йпцига. По национа́льности я ....
    а. францу́з б. ру́сский в. не́мец г. чех

Тест 2

Test 2

Wählen Sie das jeweils am besten passende Wort.

1. На́ша шко́ла но́сит и́мя Пу́шкина. Пу́шкин – ру́сский ....
   а. пев́ец б. спортсме́н в. учёный г. поэ́т

2. Я учу́сь в двена́дцатом кла́ссе ....
   а. о́бщей шко́лы б. реа́льной шко́лы в. гимна́зии г. основно́й шко́лы

3. Я о́чень люблю́ чита́ть. Мой люби́мый предме́т – ....
   а. спорт б. биоло́гия в. матема́тика г. литерату́ра

4. Зна́ете ли вы .... „А́нна Каре́нина" Л. Н. Толсто́го?
   а. ска́зку б. расска́з в. рома́н г. ба́сню

5. Кака́я тру́дная зада́ча! У вас есть .... ?
   а. каранда́ш б. ру́чка в. калькуля́тор г. очки́

6. Мне ну́жен .... для перево́да э́того те́кста.
   а. учёбник б. слова́рь в. спра́вочник г. грамма́тика

7. Лу́чшая отме́тка в Росси́и – пятёрка, а в Герма́нии ....
   а. дво́йка б. тро́йка в. едини́ца г. шестёрка

8. Я интересу́юсь иностра́нными языка́ми. Поэ́тому я ста́ну ....
   а. журнали́стом б. тре́нером в. перево́дчиком г. инжене́ром

9. Пойдём .... Там сего́дня идёт интере́сный фильм.
   а. в теа́тр б. на вы́ставку в. в кино́ г. в парк

10. .... кого́ купи́ли э́тот биле́т?
    а. за б. по в. на г. для

11. Я большо́й .... футбо́ла и лёгкой атле́тики.
    а. друг б. боле́льщик в. люби́тель г. ма́льчик

12. Сего́дня я хочу́ пойти́ .... Там бу́дет футбо́льный матч.
    а. в музе́й б. на стадио́н в. в галере́ю г. на дискоте́ку

13. В свобо́дное вре́мя я .... , ле́том в мо́ре, а зимо́й в бассе́йне.
    а. бе́гаю б. игра́ю в футбо́л в. пла́ваю г. е́зжу на велосипе́де

14. Вот .... Дава́й поигра́ем в те́ннис.
    а. ме́сто б. корт в. пло́щадь г. спорти́вная площа́дка

15. Разреши́те пригласи́ть вас на .... пи́ва?
    а. стака́н б. фуже́р в. кру́жку г. рю́мку

Тест 3

Test 3

Wählen Sie das jeweils am besten passende Wort.

1. Мой оте́ц стро́ит дома́. Он .... по профе́ссии.
   а. адвока́т б. исто́рик в. ка́менщик г. шофёр
2. У меня́ есть оди́н .... и две сестры́.
   а. сын б. дочь в. брат г. вну́чка
3. Мой брат .... меня́ на три го́да. Ему́ то́лько 14 лет.
   а. ста́рше б. ме́ньше в. моло́же г. лу́чше
4. Я .... телеви́зор, когда́ к нам пришли́ го́сти.
   а. ви́дела б. уви́дела в. смотре́ла г. посмотре́ла
5. У нас есть молода́я .... Она́ уже́ начина́ет лови́ть мыше́й.
   а. соба́ка б. ко́шка в. канаре́йка г. черепа́ха
6. Весно́й в на́шем саду́ цвету́т жёлтые, бе́лые и голубы́е ....
   а. подсне́жники б. кро́кусы в. сире́нь г. а́стры
7. Моя́ тётя и мой .... пожени́лись 20 лет тому́ наза́д.
   а. друг б. муж в. внук г. дя́дя
8. У них есть два сы́на и одна́ ....
   а. сестра́ б. праба́бушка в. дочь г. тётя
9. Тётя рабо́тает .... в гимна́зии.
   а. журнали́сткой б. учи́тельницей в. телефони́сткой г. пиани́сткой
10. Дя́дя рабо́тает врачо́м ....
    а. в магази́не б. в больни́це в. в теа́тре г. на по́чте
11. Он врач .... глазны́м боле́зням.
    а. для б. на в. по г. за
12. ...., как мне дойти́ до универма́га на пло́щади Че́хова?
    а. Я зна́ю б. Я хочу́ знать в. Извини́те г. Ба́бушка
13. Я не ме́стный, ... лу́чше милиционе́ра.
    а. иди́те б. спроси́те в. скажи́те г. вы должны́ спроси́ть
14. Иди́те до сле́дующей у́лицы, а пото́м сверни́те ....
    а. пря́мо б. сле́ва в. спра́ва г. нале́во
15. Извини́те, я не понима́ю, повтори́те, пожа́луйста, ещё раз ....
    а. бы́стро б. ме́дленно в. гро́мко г. ти́хо

Тест 4

Test 4

Wählen Sie das jeweils am besten passende Wort.

1. .... мóжно купи́ть мóдную одéжду.
   а. в гастронóме б. в бути́ке в. в дóме кни́ги г. в мéбельном магази́не

2. Покажи́те, пожáлуйста, зи́мнее ....
   а. блýзка б. пальтó в. крéсло г. тýфли

3. Я ношý пятидеся́тый ....
   а. нóмер б. рост в. размéр г. пиджáк

4. Мне óчень нрáвится э́та корóткая ....
   а. джи́нсы б. рубáшка в. ю́бка г. плáтье

5. Как .... мне э́та блýзка?
   а. стои́т б. сиди́т в. идёт г. нрáвится

6. Как жаль, что бéлая блýзка стóит ...., чем жёлтая.
   а. бóльше б. мéньше в. дорóже г. дешéвле

7. Вот пóчта. Я хочý дать .... в Гáмбург.
   а. письмó б. телегрáмму в. откры́тку г. разговóр по телефóну

8. Пять .... по 800 рублéй, пожáлуйста.
   а. мáрок б. кассéт в. книг г. журнáлов

9. Алло! Вас .... слы́шно. Когó вам?
   а. хорошó б. плóхо в. отли́чно г. прекрáсно

10. Я .... из Швери́на.
    а. пишý б. говорю́ в. звоню́ г. отвечáю

11. В воскресéнье в 9 часóв я .... на пóезде в Москвý.
    а. прилечý б. приéду в. придý г. приплывý

12. Встрéтимся. Передáй привéт роди́телям. До ....
    а. вéчера б. вчерá в. встрéчи г. пóзже

13. Посмотри́ на .... и скажи́, какóй день недéли пéрвое мáя.
    а. билéт б. календáрь в. конвéрт г. часы́

14. Национáльный прáздник в Гермáнии ....
    а. вторóго ию́ня б. пя́того мáрта в. шестóго апрéля г. трéтьего октября́

15. Зимóй я óчень люблю́ .... на лы́жах.
    а. идти́ б. ходи́ть в. éхать г. éздить

Тест 5

Test 5

Wählen Sie das jeweils am besten passende Wort.

1. Официа́нт, э́то .... ещё свобо́дно?
   а. пло́щадь б. ме́сто в. стол г. корт
2. На .... принеси́те мне, пожа́луйста, соля́нку.
   а. пе́рвое б. второ́е в. тре́тье г. десе́рт
3. На гарни́р я возьму́ ....
   а. моро́женое б. грибно́й суп в. ча́шку ко́фе г. карто́фель-фри и со́ус
4. Приходи́те к нам в го́сти .... воскресе́нье.
   а. по б. в в. на г. к
5. Большо́е спаси́бо .... приглаше́ние. Мы придём.
   а. для б. за в. на г. по
6. Я .... тебя́ с днём рожде́ния.
   а. пишу́ б. зави́дую в. по́мню г. поздравля́ю
7. Я жела́ю тебе́ ....
   а. всё хоро́шее б. всего́ хоро́шего в. всем хоро́шим г. всему́ хоро́шему
8. Я благодарю́ .... за пода́рок.
   а. мне б. вам в. тебя́ г. тебе́
9. Рождество́ мы пра́зднуем ...., а ру́сские в январе́.
   а. в ма́рте б. в а́вгусте в. в сентябре́ г. в декабре́
10. .... у нас быва́ет мно́го сне́га.
    а. весно́й б. ле́том в. о́сенью г. зимо́й
11. Мы .... к остано́вке авто́буса.
    а. выхо́дим б. вхо́дим в. подхо́дим г. отхо́дим
12. На́ши го́сти .... в авто́бус.
    а. ухо́дят б. прихо́дят в. выхо́дят г. вхо́дят
13. Авто́бус .... от остано́вки.
    а. выхо́дит б. ухо́дит в. отхо́дит г. прихо́дит
14. Мой друг и .... сестра́ доезжа́ют до вокза́ла.
    а. её б. их в. своя́ г. его́
15. Они́ живу́т .... роди́телями недалеко́ от Га́мбурга.
    а. с его́ б. с её в. с их г. со свои́ми

Ключ

Lösungsschlüssel

1.2 1. d 2. e 3. b 4. f 5. c 6. g 7. a 8. i 9. h

1.3 Aufgabe 1: телефо́нный разгово́р: Слу́шаю. Э́то говори́т А́нтье. Говори́те ме́дленнее. Когда́ перезвони́ть? приве́тствие: До́брое у́тро! До́брый день! До́брый ве́чер! Здра́вствуйте! Приве́т! проща́ние: До встре́чи! До за́втра! До свида́ния! Нам пора́! Пока́! пожела́ние: Больши́х успе́хов! Всего́ хоро́шего! Жела́ем здоро́вья. Счастли́вого пути́! Споко́йной но́чи! **Aufgabe 2:** 1. До́брое у́тро! До́брый день! До́брый ве́чер! 2. До свида́ния! Счастли́вого пути́! 3. Алло́! oder Слу́шаю!

1.4 - магази́н, где продаю́т часы́; заво́д, где стро́ят маши́ны; же́нщина, кото́рая рабо́тает на по́чте; же́нщина, кото́рая рабо́тает в шко́ле/воспи́тывает и у́чит дете́й;
- selten - не ча́сто; hässlich - не краси́вый; langweilig - не интере́сный; sich erholen - не рабо́тать; schweigen - не говори́ть;
- тогда́ - пото́м; тут - здесь; стихотворе́ние - стихи́; води́тель - шофёр; позволя́ть - разреши́ть;
- Ausfuhr - э́кспорт; Einfuhr - и́мпорт; Deklaration - деклара́ция; Abordnung - депута́ция; Führer - гид; Diapositiv - слайд;
- Tiere: кенгуру́, жира́ф, леопа́рд; Blumen: ли́лия, ро́за, тюльпа́н; Obst: бана́н, мандари́н, анана́с; Sehenswürdigkeiten: музе́й, галере́я, теа́тр; Musikinstrumente: гита́ра, фле́йта, пиани́но; Berufe: бухга́лтер, ревизо́р, инжене́р; Verwandte: ма́ма, па́па, кузи́на

1.6 Aufgabe 1: он/она́: де́душка/ба́бушка; брат/сестра́; сын/дочь; дя́дя/тётя; па́па/ма́ма; оте́ц/мать; праде́душка/праба́бушка **Aufgabe 2:** арти́стка, воспита́тельница, гандболи́стка, однокла́ссница, пиани́стка, писа́тельница, победи́тельница, проводни́ца, слу́шательница, собесе́дница, соли́стка, телефони́стка, уча́стница, худо́жница, чита́тельница **Aufgabe 3:** мо́ре - матро́с; ко́смос - космона́вт; университе́т - студе́нтка; библиоте́ка - чита́тель; шко́ла - учени́ца; стадио́н - футболи́ст; спортза́л - гимна́стка; корт - теннизи́ст, магази́н - продавщи́ца; реда́кция - журнали́ст; цирк - кло́ун **Aufgabe 4:** 1. Оде́жда/магази́н гото́вого пла́тья/бути́к: блу́зки, брю́ки, джи́нсы, костю́мы, ку́ртки, пальто́, пла́тья, ю́бки. 2. Напи́тки: вино́, во́дка, кефи́р, конья́к, ликёры, пи́во, со́ки, шампа́нское. 3. Ме́бель: дива́н, кре́сла, ла́мпы, по́лки, сте́нки, столы́, сту́лья, шкафы́. **Aufgabe 5:** молодо́й - ста́рый; ма́ленький - большо́й; некраси́вый - краси́вый; серьёзный - весёлый; у́мный - глу́пый; ску́чный - интере́сный; нескро́мный - скро́мный; приле́жный - лени́вый; бесстра́стный - стра́стный; молчали́вый - разгово́рчивый; гру́бый - не́жный; акти́вный - пасси́вный; нече́стный - че́стный; безотве́тственный - отве́тственный; трусли́вый - му́жественный

1.7 Aufgabe 1: плыть - гуля́ть - идти́ - спеши́ть - бежа́ть - е́хать - лете́ть; **Aufgabe 2:** праде́душка - де́душка - оте́ц - сын - внук - пра́внук; **Aufgabe 3:** некраси́вый - краси́вый - прекра́сный - чуде́сный - очарова́тельный; неинтере́сный - ску́чный - интере́сный - привлека́тельный - увлека́тельный; праба́бушка - ба́бушка - мать - дочь - вну́чка - пра́внучка; малы́ш - ма́льчик - подро́сток - ю́ноша - мужчи́на - стари́к

1.8 Aufgabe 1: те́хника, те́хник, те́хник, те́хника, строи́тельная те́хника **Aufgabe 2:** 1. Familienname, 2. Schlips, 3. Delikatessengeschäft, 4. belegtes Brot ohne Butter, 5. Bulette, 6. Bibliotheksbenutzer, 7. Wettbewerb, 8. Schaufensterpuppe, 9. werben. Personen: фи́зик, те́хник, абоне́нт

1.9 Я вхожу́ в каби́ну. → Я снима́ю тру́бку → Я опуска́ю жето́н. → Я набира́ю но́мер → Я слу́шаю и отвеча́ю принима́ющему. → Я конча́ю разгово́р. → Я кладу́ тру́бку. → Я выхожу́ из каби́ны.

1.10 1. краси́вый 2. реши́тельный 3. разгово́рчивый 4. гру́стный 5. темпера́ментный 6. интере́сный 7. ску́чный 8. злой 9. трусли́вый 10. приве́тливый 11. за́мкнутый 12. весёлый

2.1 1. напи́тки: ко́фе, лимона́д, пи́во, сок; 2. проду́кты: колбаса́, мёд, сыр, хлеб; 3. литерату́ра: коме́дия, расска́з, ска́зка, траге́дия; 4. музыка́льные инструме́нты: аккордео́н, гита́ра, ки́борд, фортепья́но; 5. челове́к: глаз, лицо́, нога́, нос; 6. ка́чества: ве́жливость, предприи́мчивость, страх, трудолю́бие; 7. конфе́ссии: будди́зм, исла́м, иудаи́зм, правосла́вие; 8. достопримеча́тельности: дворе́ц, кре́пость, пло́щадь, це́рковь

2.2 1. четы́ре, де́вять, оди́ннадцать, трина́дцать, четы́рнадцать; 2. со́рок, девяно́сто; 3. тре́тий, седьмо́й, девя́тый, оди́ннадцатый; 4. о́сень; 5. март, ию́нь, ноя́брь; 6. среда́, суббо́та; 7. юг; 8. Австра́лия; 9. спа́льня, ва́нная; 10. при́нтер; 11. рома́н, расска́з; 12. истори́ческий фильм, нау́чно-популя́рный фильм

2.3 Aufgabe 1: 1. 1/4, 2. 15, 3. 50, 4. 1/3, 5. 2/3, 6. 200, 7. 1, 8. 1000, 9. 2 1/2; 10: 100; 11: 5000; 12: 0; 13: 540; 14: 5; 15: 1/2, 16. 90, 17. 55, 18. 2, 19. 3/4, 20. 320 **Aufgabe 2:** одна́, две, оди́н, два, одно́, одна́, оди́н, одно́, два, две, два, два **Aufgabe 3:** 1. пе́рвый, 2. второ́й, 3. тре́тий, 4. четвёртый, 5. шесто́й, 6. двадца́тый, 7. два́дцать седьмо́й, 8. сороково́й, 9. пятидеся́тый, 10. со́тый эта́ж; 1. пе́рвая, 2. втора́я, 3. тре́тья, 4. четвёртая, 5. шеста́я, 6. двадца́тая, 7. два́дцать седьма́я; 8. сорокова́я, 9. пятидеся́тая, 10. со́тая кварти́ра; 1. пе́рвое, 2. второ́е, 3. тре́тье, 4. четвёртое, 5. шесто́е, 6. двадца́тое, 7. два́дцатъ седьмо́е, 8. сорогово́е, 9 пятидеся́тое, 10. со́тое ме́сто

2.4 1. шко́лы: гимна́зия, нача́льная шко́ла, реа́льная шко́ла; 2. предме́ты: исто́рия, матема́тика, ру́сский язы́к; 3. зада́ния: перево́д, сочине́ние, упражне́ние; 4. лю́ди: воспита́тель, учени́ца, учи́тель; 5. звукова́я те́хника: видеомагнитофо́н, кассе́тник, телеви́зор; 6. принадле́жности для ученико́в: калькуля́тор, слова́рь, уче́бник; 7. отме́тки: едини́ца, дво́йка, шестёрка; 8. глаго́лы: говори́ть по-ру́сски, петь пе́сни, слу́шать кассе́ту; 9. оборо́ты ре́чи: Договори́лись! Озагла́вьте! Прочита́йте!

2.5 мужчи́ны: агроно́м, администра́тор, альпини́ст, бухга́лтер, гитари́ст, журнали́ст, инвали́д, конькобе́жец, крестья́нин, легкоатле́т, партнёр, певе́ц, переселе́нец, пиани́ст, продаве́ц, работода́тель, сосе́д, юри́ст; же́нщины: альпини́стка, гитари́стка, журнали́стка, конькобе́жка, крестья́нка, партнёрша, певи́ца, переселе́нка, пиани́стка, продавщи́ца, учи́тельница; мужчи́ны и же́нщины: био́лог, дире́ктор, колле́га, ме́неджер, сирота́, фи́зик

2.6 **1. Zeile:** де́душка, ба́бушка, де́душка, ба́бушка **2. Zeile:** тётя, дя́дя, тётя, мать, оте́ц, дя́дя **3. Zeile:** кузе́н, кузи́на, зять, сестра́, брат, А́нтье, муж **4. Zeile:** племя́нник, племя́нница, зять, дочь, брат, неве́стка **5. Zeile:** внук, вну́чка

2.7 **Aufgabe 1:** адвока́т, актри́са, био́лог, врач, инжене́р, исто́рик, ме́неджер, экономи́ст, экономи́стка; арти́ст, архите́ктор, гид, кадрови́к, каме́нщик, реме́сленник, сле́сарь, солда́т, те́хник, то́карь **Aufgabe 2:** инжене́р, продаве́ц, официа́нтка, рабо́тница **Aufgabe 3:** инжене́р, сле́сарь, писа́тель, апте́карь, о́птик, солда́т, те́хник, реме́сленник, моря́к

2.8 бе́гать, ходи́ть, ла́зать, лови́ть, носи́ть, па́дать, поднима́ть, подска́кивать, по́лзать, потя́гиваться, прислоня́ть, пры́гать, роня́ть, сиде́ть, толка́ть, тяну́ть – dt. laufen, gehen, klettern, (auf-)fangen, tragen, fallen, heben, hüpfen, kriechen, sich strecken, anlehnen, springen, fallen lassen, sitzen, stoßen, ziehen

2.9 **Aufgabe 1:** чёрный, кори́чневый, си́ний, кра́сный, ора́нжевый, жёлтый, бе́лый **Aufgabe 3:** бе́лый, чёрная, голубо́е, си́нее, жёлтое, зелёная, фиоле́товая, кори́чневое, кра́сная, се́рый

2.10 1. биле́т 2. ма́рка 3. де́ньги 4. кошелёк 5. расчёска 6. календа́рь 7. зубна́я щётка 8. очки́ 9. ру́чка 10. конве́рт 11. чек 12. часы́ 13. но́жницы 14. журна́л 15. калькуля́тор 16. носово́й плато́к 17. каранда́ш 18. ключ 19. моне́ты 20. креди́тная ка́рточка

2.11 **Aufgabe 1:** 1. обезья́на 2. бегемо́т 3. кит 4. осёл 5. бе́лка 6. слон 7. за́яц 8. лиса́ **Aufgabe 2:** бе́лка, волк, жира́ф, зе́бра, кит, люкс, медве́дь, носоро́г, осёл, слон, тигр; бегемо́т, верблю́д, ёж, за́яц, крокоди́л, кро́лик, леопа́рд, лиса́, обезья́на, у́тка **Aufgabe 3:** Haifisch, Rabe, Gans, Kanarienvogel, Kuh, Katze, Pferd, Papagei, Hering, Hund, Nachtigall, Hamster, Schildkröte, Hecht **Aufgabe 4:** дома́шние живо́тные: гусь, коро́ва, ко́шка, ло́шадь, соба́ка; ди́кие живо́тные: волк, жира́ф, лев, слон, тигр, черепа́ха; ры́бы: аку́ла, селёдка, щу́ка; пти́цы: во́рон, гусь, канаре́йка, попуга́й, солове́й usw.

2.12 1. ви́шня 2. незабу́дки 3. бо́бы 4. капу́ста 5. гру́ша 6. клубни́ка 7. ёлка 8. берёза 9. сире́нь 10. сли́ва 11. подсне́жники 12. мали́на 13. крыжо́вник 14. я́блоко 15. горо́х 16. дуб 17. гво́здики 18. ли́па 19. морко́вь 20. сморо́дина

2.13 **Aufgabe 1:** 1. бег 2. ко́нный спорт 3. пла́вание 4. фигу́рное ката́ние 5. стрельба́ 6. бо́бслей 7. волейбо́л 8. велоспо́рт 9. гре́бля 10. борьба́ 11. ша́шки 12. лёгкая атле́тика 13. футбо́л 14. бадминто́н 15. парашюти́зм 16. гольф 17. хокке́й 18. альпини́зм 19. гимна́стика 20. во́дное по́ло **Aufgabe 2:** бег, гандбо́л, гольф, ке́гли, стрельба́, та́нец, футбо́л; ба́скетбол, бокс, борьба́, гимна́стика, гребля́, пинг-по́нг, ре́гби, те́ннис, фехтова́ние, ша́шки **Aufgabe 3:** спорти́вные и́гры: бадминто́н, баскетбо́л, волейбо́л, гандбо́л, гольф, ке́гли, кри́кет, ре́гби, те́ннис, футбо́л, хокке́й, ша́хматы; борьба́: бокс, борьба́, дзюдо́; во́дный спорт: байда́рка, во́дное по́ло, гребля́, кано́э, пла́вание; зи́мний спорт: бобсле́й, сла́лом

2.14 **Aufgabe 1:** 1. брю́ки, 2. ку́ртка, 3. носки́, 4. шарф, 5. ту́фли, 6. пиджа́к, 7. брасле́т, 8. жиле́т, 9. хала́т, 10. пла́тье, 11. бу́сы, 12. чулки́, 13. ю́бка, 14. перча́тки, 15. по́яс, 16. сандале́ты, 17. колго́тки, 13. кольцо́, 14. ма́йка, 15. ко́фта **Aufgabe 2:** сандале́ты, пла́тье, пальто́, плато́к, кольцо́, лоси́ны, бики́ни, бу́сы

3.1 1. де́вять часо́в, 2. шесть часо́в три́дцать мину́т/полседьмо́го, 3. шесть часо́в со́рок пять/без че́тверти семь, 4. два часа́ де́сять мину́т/де́сять мину́т тре́тьего, 5. оди́ннадцать часо́в пятьдеся́т мину́т/без десяти́ двена́дцать, 6. три часа́ пятна́дцать мину́т/че́тверть четвёртого, 7. трина́дцать часо́в два́дцать пять мину́т/два́дцать пять мину́т четы́рнадцатого, 8. двена́дцать часо́в пятьдеся́т пять мину́т/без пяти́ трина́дцать, 9. семь часо́в со́рок мину́т/без девятна́дцати во́семь

3.2 **Aufgabe1:** 1. пе́рвое января́, два́дцать девя́тое февраля́, два́дцать четвёртое декабря́, ... 2. пе́рвого января́, два́дцать четвёртого декабря́, ... **Aufgabe 2:** 1. в ты́сяча девятьсо́т со́рок пя́том году, 2. в ты́сяча восемьсо́т двена́дцатом году́, 3. в ты́сяча девятьсо́т семна́дцатом году́, 4. в ты́сяча девятьсо́т девяно́сто пе́рвом году́, 5. ... **Aufgabe 3:** a. в декабре́ ты́сяча восемьсо́т двена́дцатого го́да, b. в ноябре́ ты́сяча девятьсо́т семна́дцатого го́да, c. в ма́е ты́сяча девятьсо́т со́рок пя́того го́да, d. в декабре́ ты́сяча девятьсо́т девяно́сто пе́рвого го́да, e. ...

3.3 **Aufgabe 1:** пе́ред окно́м (1), спра́ва от окна́ (3), на телеви́зоре (2), у стены́ (5), над дива́ном (4), ме́жду портре́тами (6), на дива́не (9), за столо́м (10), под столо́м (11), вокру́г стола́ (7), напро́тив дива́на (8)
Aufgabe 2: 1.в 2. з 3. е 4. ж 5. г 6. б 7. д 8. а

3.4 **Aufgabe 1:** 2-1-3-5-4 **Aufgabe 3:** 1. в 2. з 3. а 4. б 5. ж 6. д 7. е 8. г

3.5 1. г 2. б 3. в 4. в 5. б 6. г 7. б 8. б 9. г 10. б 11. г 12. а

3.6 1. Unsere Familie am Ostseestrand, von links nach rechts: Vati, Mutti, Schwester, Bruder und ich. Zum Andenken an Antje. 2. Hier siehst du mich mit den Handballerinnen meiner Mannschaft nach einem erfolgreichen Spiel. Deine Freundin Antje. 3. Ich spiele die Fee in dem Märchen „Dornröschen". Deine Antje.

3.7 3. видеофи́льм, 6. виолонче́ль, 7. гита́ра, 1. детекти́в, 4. ка́мера, 2. мю́зикл, 11. одиннадцатиметро́вый, 12. проигра́ть, 5. фотографи́ровать, 9. стадио́н, 8. судья́, 10. футбо́лка

3.8 1. В 6 часо́в я встал. 2. Я при́нял душ. 3. Я за́втракал в ку́хне. 4. Я ждал на остано́вке авто́буса. 5. Я рабо́тал на компью́тере. 6. Я был у зубно́го врача́. 7. Я обе́дал с колле́гой в столо́вой. 8. По́сле обе́да я вёл перегово́ры с инве́сторами. 9. До́ма я прочита́л газе́ту. 10. В 18 часо́в 30 мину́т я у́жинал с семьёй. 11. Мы посмотре́ли телефи́льм. 12. Пото́м я лёг спать.
3.9 5. администра́тор, 2. аспири́н, 13. аэропо́рт, 12. бассе́йн, 14. велосипе́д, 7. да́ча-прице́п, 10. дискоте́ка, 3. креди́тная ка́рточка, 6. одноме́стный но́мер, 11. пла́вать, 15. по́езд, 1. путеводи́тель, 8. рестора́н, 4. чемода́н, 9. я́хта
3.10 Aufgabe 1: 8-6-4 (со́лнце, о́блако, дождь); 7-1-3 (снег, ве́тер, гроза́); 2-9-5 (град, тума́н, и́ней) **Aufgabe 3:** зима́: снег, мете́ль, и́ней, ... ле́то: гроза́, ... оса́дки: дождь, снег, град, тума́н, и́ней **Aufgabe 4:** Heute bleibt es in St. Petersburg warm,15° in der Nacht, 24-28 ° am Tage, die Sonne scheint, Regenschauer sind möglich, der Wind ist schwach.
3.11 Заку́ски: винегре́т, галу́шки, ры́бный сала́т, яйцо́ с икро́й; Супы́: борщ, овощно́й суп, соля́нка, уха́;
Вторы́е блю́да – *карто́фель*: жа́реный карто́фель, карто́фель-фри, отварно́й карто́фель, пюре́; *о́вощи*: грибы́, горо́шек, капу́ста, спа́ржа, фасо́ль, цветна́я капу́ста; *мя́со*: жа́реная свини́на, котле́та, ромште́кс, шни́цель, шашлы́к; *ры́ба*: жа́реная селёдка, ка́мбала, ры́бные па́лочки, форе́ль, щу́ка; Десе́рты: йо́гурт, компо́т, моро́женое, пу́динг, торт, фру́кты
3.12 Aufgabe 1: 1. ку́хня, 2. ва́нная, 3. туале́т, 4. балко́н, 5. спа́льня, 6. гости́ная, 7. де́тская, 8. кабине́т **Aufgabe 2:** (mögliche Varianten) 1. ку́хня: ку́хонный шкаф, холоди́льник, ра́дио ; 2. ва́нная: стира́льная маши́на; 3. кабине́т: компью́тер, пи́сьменный стол, стул, при́нтер, телефо́н; 4. балко́н: стол, стул; 5. спа́льня: крова́ть, шкаф; 6. гости́ная: дива́н, прои́грыватель компа́ктных ди́сков, сте́нка, стол, торше́р, телеви́зор, кре́сло; 7. де́тская: стол, стул, шкаф, по́лка, ла́мпа, крова́ть; 8. туале́т: умыва́льник
4.1 Aufgabe 1: 1. покупа́тель/купе́ц, 2. продаве́ц, 3. торго́вец, 4. люби́тель, 5. победи́тель, 6. жи́тель, 7. пев́ец, 8. посети́тель, 9. слу́шатель, 10. писа́тель, 11. творе́ц, 12. чита́тель, 13. исполни́тель, 14. переселе́нец, 15. води́тель, 16. воспита́тель, 17. владе́лец/владе́тель, 18. предпринима́тель **Aufgabe 2:** 1. учи́тель, 2. продаве́ц, 3. жи́телей, 4. люби́тель, 5. писа́тель, 6. пев́ец
4.2 -ец: Голла́ндия – голла́ндец, Испа́ния – испа́нец, Норве́гия – норве́жец, США – америка́нец, Эсто́ния – эсто́нец, Япо́ния – япо́нец; **-ка:** А́встрия – австри́йка, А́зия – азиа́тка, Бе́льгия – бельги́йка, Ирла́ндия – ирла́ндка, Кита́й – кита́йка, Португа́лия – португа́лка; **–:** Белору́ссия – белору́с, Гре́ция – грек, Финля́ндия – финн, Че́хия – чех, Шве́ция – швед; **по др.:** А́нглия – англича́нин, Да́ния – датча́нин, Ла́твия – латы́ш, По́льша – поля́к, Росси́я – ру́сский, Фра́нция – францу́женка
4.3 Aufgabe 1:

-тель	-тельница	-ист	-истка	-ник	-ница
покупа́тель	покупа́тельница	велосипеди́ст	велосипеди́стка	одноклáссник	одноклáссница
чита́тель	чита́тельница	гитари́ст	гитари́стка	шко́льник	шко́льница
победи́тель	победи́тельница	телефони́ст	телефони́стка	уча́стник	уча́стница
води́тель	зри́тельница	волейболи́ст	волейболи́стка	худо́жник	худо́жница
строи́тель	писа́тельница	путчи́ст	шахмати́стка	помо́щник	помо́щница
зри́тель	слу́шательница	шахмати́ст	тури́стка	собесе́дник	собесе́дница
писа́тель	учи́тельница	тури́ст	журнали́стка	рабо́тник	рабо́тница
слу́шатель	руководи́тельница	журнали́ст	трактори́стка	проводни́к	проводни́ца
учи́тель		трактори́ст	гандболи́стка	сою́зник	сою́зница
руководи́тель		гандболи́ст	финали́стка	железно-доро́жник	железно-доро́жница
		финали́ст			

Aufgabe 2: 1. строи́тель, 2. гангболи́стка, 3. железнодоро́жник, 4. шахмати́стка, 5. худо́жник, 6. победи́тель, 7. трактори́ст, 8. тури́стка
4.4 Aufgabe 1: sich nach der Arbeit trennen, die Treppe hinabsteigen, nach Hause kommen, einen Abstecher ins Geschäft machen, am Theater vorbeigehen, sich der Bushaltestelle nähern, in den Bus einsteigen, aus dem Bus aussteigen, von der Bushaltestelle weggehen, bis zur Post gehen, die Brücke überqueren, auf die andere Straßenseite gehen, sich dem Haus nähern, das Haus betreten, die Wohnung betreten, zusammenkommen **Aufgabe 3:** выходи́ть из ко́мнаты, отходи́ть от шка́фа, приезжа́ть к друзья́м, улете́ть в Мю́нхен **Aufgabe 4:** выхо́дим, перехо́дим, вхо́дим, проезжа́ем, приезжа́ем, выезжа́ем, дово́зят
4.5 Aufgabe 1: 1. лежи́т; 2. уча́стник; 3. стро́гий; 4. большо́й; 5. друго́й **Aufgabe 2:** демонстри́ровать – демонстра́ция – демонстрацио́нный; иммигри́ровать – иммигра́ция – иммиграцио́нный; интегри́ровать – интегра́ция – интеграцио́нный; оккупи́ровать – оккупа́ция – оккупацио́нный
Aufgabe 3:

Wurzel	*Handlung*	*m. Person*	*w. Person*	*Sache/Gegenstand*	*Merkmal*	*Ort/Einrichtung*
-уч-	учи́ться	учени́к учи́тель	учени́ца учи́тельница	учéбник	учéбный учи́тельский	учи́лище учи́тельская
-жи/з/-	жить	жи́тель	жи́тельница	жизнь	жи́зненный	жи́тельство
-работ-	рабо́тать	рабо́тник	рабо́тница	рабо́та	рабо́чий	рабо́та

		рабо́чий				
-да-	дать, дава́ть	изда́тель	изда́тельница	изда́ние	изда́тельский	изда́тельство
-боль-	боле́ть	больно́й	больна́я	боле́знь	больно́й	больни́ца
-чит/чт-	чита́ть	чита́тель	чита́тельница	чте́ние	чита́тельский	чита́льня
-пис-	писа́ть	писа́тель	писа́тельница	письмо́	пи́сьменный	расписа́ние
-строй-	стро́ить	строи́тель	строи́тель	строи́тельство	строи́тельный	стро́йка

5.1 1. [а]: гости́ная, крова́ть, расска́з, кассе́та, праде́душка, рома́н; 2. [ъ]: кре́сло, ма́ма, каранда́ш, по́лка, ла́мпа; 3. [и][ји]: во́семь, де́сять, пятьсо́т, сестра́, стена́, де́душка, телеви́зор
5.2 1. сама́, 2. поля́, 3. пишу́, 4. село́, 5. пить, 6. до́чка, 7. старт, 8. ко́смос, 9. жена́, 10. вода́, 11. е́дет, 12. цвета́, 13. бара́ки, 14. ка́ртой, 15. семья́, 16. ло́жка
5.3 ✓❍ [но́вый/ру́сский]: дре́вний, кни́жный, кра́сный, о́бщий, ста́рый; (❍)❍✓ [больш<u>о́</u>й]: больно́й, дорого́й, мирово́й, плохо́й, просто́й; ❍✓❍ [чита́ю]: быва́ю, гуля́ю, игра́ю; ✓❍(❍)[вы́-]: вы́брать, вы́глядел, вы́играла, вы́росли, вы́учить; ❍ ❍ ✓ (❍)[выходи́ть, выхожу́]: вылета́ем, выража́ли, выраста́ет, выступа́ть; (❍)✓❍❍(❍)[обраба́тывать]: запи́сывать, зараба́тывала, осма́триваем, оце́нивать, поде́рживаю
5.4 1 а. бро́сят/б. бро́сит; 2 а. бу́дет/б. бу́дит; 3 а. вести́/б. везти́; 4 а. воскресе́ние/б. воскресе́нье; 5 а. компа́ния/б. кампа́ния; 6 а. луг/б. лук; 7 а. рот/б. род; 8 а. сиде́ть/б. седе́ть; 9 а. чистота́/б. частота́
5.5 Aufgabe 1: 1. разби́ть – zerschlagen; 2. раздели́ть – aufteilen, verteilen; 3. разлома́ть – zerbrechen; 4. распада́ться – zerfallen; 5. распили́ть – zersägen, durchsägen **Aufgabe 2:** безвку́сный, безболе́зненный, бесполе́зный, бессерде́чный, беспоря́дочный, безли́чный, безопа́сный, безра́достный, бесперспекти́вный, безалкого́льный, бесконфли́ктный, беспарти́йный, беза́томный, беспла́новый, безуспе́шный, бесхозя́йственный **Aufgabe 3:** разгово́р, разреши́те, расписа́ние, безалкого́льные, воспо́льзоваться, беспла́тно
6.1 Aufgabe 1: 1. е, 2. в, 3. ж, 4. з, 5. б, 6. г, 7. а, 8. д **Aufgabe 2:** 1. в, 2. е, 3. д, 4. ж, 5. б, 6. г, 7. з, 8. а **Aufgabe 3:** 1. вы́ехать за́ город, ката́ться на ло́дке; 2. игра́ть в волейбо́л; 3. соверши́ть туристи́ческий похо́д; 4. ходи́ть на дискоте́ку; 5. смотре́ть телеви́зор
6.2 Aufgabe 1: 1. д, 2. ж, 3. е, 4. г, 5. б, 6. а, 7. в, 8. з **Aufgabe 2:** 1. з, 2. г, 3. а, 4. ж, 5. е, 6. д, 7. б, 8. в **Aufgabe 3:** 1. большо́го ро́ста; 2. ры́жие во́лосы, ...; 3. си́льные ру́ки, ...; 4. спорти́вная фигу́ра
6.3 1. собира́ть: sammeln, zusammenbekommen, ernten, pflücken, versammeln; 2. надева́ть: anziehen, aufsetzen, umbinden, anlegen, aufsetzen; 3. ката́ться: laufen, fahren, paddeln, rodeln, reiten; 4. принима́ть: annehmen, treffen, ergreifen, einnehmen, empfangen; 5. занима́ть: einnehmen, bekleiden, besetzen, kosten, bewohnen; 6. открыва́ть: öffnen, aufmachen, aufschlagen, aufdrehen, entdecken; 7. исполня́ть: darbieten, vortragen, spielen, erfüllen, halten; 8. передава́ть: überreichen, übergeben, übertragen, ausrichten, wiedergeben; 9. отвеча́ть: antworten, lösen, verantwortlich sein, verantworten, entsprechen;10. отдава́ть: opfern, zurückgeben, schicken, abgeben, hingeben
6.4 1. ка́рта, 2. меню́, 3. биле́т, 4. откры́тка; 1. орби́та, 2. доро́жка, 3. като́к, 4. трек; 1. ста́йер, 2. бегу́н, 3. слон, 4. доро́жка; 1. стака́н, 2. кру́жка, 3. фуже́р, 4. рю́мка
6.5 Aufgabe 1: 1. е, 2. з, 3. м, 4. б, 5. и, 6. к, 7. ж, 8. л, 9. о, 10. д, 11. в, 12. н, 13. г, 14. а
Aufgabe 2: 1. ваго́н-рестора́н, 2. лётчик-истреби́тель, 3. рома́н-газе́ту, 4. пла́тье-костю́м
7.1 1. Да, Я ме́стный, могу́ помо́чь вам. 2. Ничего́ осо́бенного. А почему́ ты спра́шиваешь? 3. Спаси́бо, вам то́же. 4. Вот пожа́луйста. 5. Ничего́. 6. Спаси́бо, здесь мне нра́вится. 7. Да ну! Что де́лать? 8. Она́ пло́хо себя́ чу́вствует.
7.2 1. е 2. з 3. а 4. к 5. м 6. б 7. в 8. г 9. ж 10. л 11. и 12. д
7.3 А (1) на пе́рвое (2) Я возьму́ (3) Принеси́те мне (4) у вас есть (5) Две по́рции **Б** (1) Как жаль (2) Карто́фель-фри и со́ус (3) ча́шку ко́фе (4) бока́л кра́сного вина́ (5) счёт (6) бы́ло превосхо́дно
7.4 А (1) Извини́те (2) как дойти́ (3) не могу́ помо́чь (4) не ме́стный (5) Спроси́те лу́чше (6) Ах да, я ви́жу. **Б** (1) Извини́те (2) как попа́сть (3) сверни́те нале́во (4) Иди́те пря́мо (5) Там вы уви́дите (6) на пра́вой стороне́ (7) Большо́е спаси́бо! (8) Не́ за что!
7.5 А 1 говори́т Ивано́в 2 Мо́жно Бори́са 3 вы не ска́жете 4 вас пло́хо слы́шно 5 позвоню́ ещё раз 6 Приве́т от Са́ши **Б** 1 Алло́! Москва́? 2 Я звоню́ из 3 э́то ты? 4 Я вылета́ю за́втра 5 В де́сять часо́в утра́ 6 Не в де́вять
7.6 А 1. д 2. е 3. б 4. а 5. ж 6. з 7. г 8. в **Б** 1. б 2. е 3. д 4. в 5. з 6. а 7. ж 8. г
7.7 Aufgabe 1: 1. з 2. ж 3. е 4. д 5. б 6. в 7. а 8. г **Aufgabe 2:** 1. ж 2. е 3. а 4. б 5. з 6. д 7. в 8. г
8.1 Aufgabe 1: 1. га́лстуки, москвичи́, статьи́ 2. блу́зки, ю́ноши, фотогра́фии 3. руба́шки, де́вушки, пло́щади 4. ма́йки, подру́ги, музе́и 5. ю́бки, инжене́ры, кре́пости 6. костю́мы, строи́тели, универма́ги 7. ша́пки, био́логи, рестора́ны **Aufgabe 2:** 1. ножи́, ви́лки и ло́жки; 2. откры́тки и ма́рки; 3. де́вушки и ю́ноши; 4. словари́ и энциклопе́дии; 5. америка́нки и фи́нки; 6. пе́сни и ска́зки
8.2 Aufgabe 1: e-Konjugation: живёт, пи́шем, разгова́ривают, танцу́ю; и-Konjugation: встре́тите, лежи́м, отве́тят, смо́трит; е/и-Konjugation: хо́чет, хотя́т **Aufgabe 2:** 1. чита́ть: открыва́ть, покупа́ть, понима́ть, слу́шать; 2. име́ть: красне́ть, слабе́ть, старе́ть, уме́ть; 3. рисова́ть: бесе́довать, симпатизи́ровать, уча́ствовать, чу́вствовать; 4. говори́ть: благодари́ть, звони́ть, спо́рить, стро́ить; 5. спроси́ть: ве́сить, носи́ть, пригласи́ть, проси́ть; 6. ходи́ть: буди́ть, води́ть, находи́ть, проводи́ть
8.3 Aufgabe 1: 1. кого́/чего́: боя́ться, жела́ть, тре́бовать, хоте́ть; 2. (к) кому́: зави́довать, звони́ть, меша́ть, удивля́ться; 3. кого́/(во) что́: благодари́ть, игра́ть в, поздравля́ть, по́мнить; 4. кем/чем: горди́ться, занима́ться, интересова́ться,

по́льзоваться; 5. о ком/чём: ду́мать, забыва́ть, мечта́ть, спра́шивать **Aufgabe 2:** 1. жела́ть дру́гу/подру́ге/друзья́м успе́ха/сча́стья/(мно́го) де́нег; 2. мечта́ть о дру́ге/подру́ге/друзья́х, об успе́хе, о сча́стье, о деньга́х; 3. поздравля́ть дру́га/подру́гу/друзе́й с успе́хом; 4. благодари́ть дру́га, подру́гу, друзе́й за по́мощь; 5. горди́ться дру́гом, подру́гой, друзья́ми, успе́хом, деньга́ми; 6. зави́довать дру́гу, подру́ге, друзья́м, успе́ху, сча́стью, деньга́м

8.4 Aufgabe 1: 1. für jemanden: купи́ть для дру́га, пода́рок для дру́га; 2. Ziel/Gegenleistung: боро́ться за мир, пода́рок за 100 000 рубле́й, благодари́ть за пода́рок; 3. Zeitraum/Zweck: пое́хать на три дня, на неде́лю; 4. Fachgebiet/Veranstaltung: биле́т в кино́, специали́ст по компью́терной те́хнике **Aufgabe 2:** 1. на, в; 2. для; 3. для; 4. по; 5. на; 6. за; 7. за

8.5 Aufgabe 1: vollendet: дать, сде́лать, отве́тить, прослу́шать, прочита́ть, спроси́ть; unvollendet: дава́ть, де́лать, отвеча́ть, слу́шать, чита́ть, спра́шивать **Aufgabe 2:** 1 б; 2 а; 3 а **Aufgabe 3:** чита́л, чита́л, чита́л, прочита́л, прочита́л

8.6 Aufgabe 1: bestimmte Verben: идти́, е́хать, бежа́ть, лете́ть, плыть, нести́, везти́, вести́; unbestimmte Verben: ходи́ть, е́здить, бе́гать, лета́ть, пла́вать, носи́ть, вози́ть, води́ть **Aufgabe 2:** а) идёшь, иду́, хожу́; б) лети́те, лети́м, лета́ть, лета́ть; в) е́здили, е́здите

8.7 Aufgabe 1+2:

при- ➔□	к, в, на	у- □➔	от, из, с	в(о)- в(ъ)-	в [➔]	вы- [➔	из	под- (о, ъ)	к ➔□	от- (о, ъ)	от, в, на
прийти́		уйти́		войти́		вы́йти		подойти́		отойти́	
прие́хать		уе́хать		въе́хать		вы́ехать		подъе́хать		отъе́хать	
прибежа́ть		убежа́ть		вбежа́ть		вы́бежать		подбежа́ть		отбежа́ть	
прилете́ть		улете́ть		влете́ть		вы́лететь		подлете́ть		отлете́ть	
при- ➔□	к, в, на	у- □➔	от, из, с	в(ъ)- [➔]	в	вы- [➔	из	под(ъ)- ➔□	к	от- □➔	от, в, на
приходи́ть		уходи́ть		входи́ть		выходи́ть		подходи́ть		отходи́ть	
приезжа́ть		уезжа́ть		въезжа́ть		выезжа́ть		подъезжа́ть		отъезжа́ть	
прибега́ть		убега́ть		вбега́ть		выбега́ть		подбега́ть		отбега́ть	
прилета́ть		улета́ть		влета́ть		вылета́ть		подлета́ть		отлета́ть	

Aufgabe 3: вы́шел, ушла́, дошёл, подошёл, отошёл, вошёл, вы́шел

8.8 Aufgabe 1: 1. их, её, его́, их **Aufgabe 2:** 1 свое́й, 2 свои́х, 3 свои́м, 4 свое́й **Aufgabe 3:** 1. свое́й, её; 2. его́, свои́ми, их

8.9 А 1. что́бы, 2. что, 3. что́бы, 4. что́бы, 5. что, 6. что́бы; **Б** 1. е́сли, 2. когда́, 3. когда́, 4. е́сли, 5. е́сли, 6. е́сли; **В** 1. потому́ что/та́к как, 2. потому́ что/та́к как, 3. та́к как, 4. потому́ что/та́к как, 5. та́к как, 6. потому́ что/та́к как

8.10 Aufgabe 1: 1. бо́льше – ме́ньше, 2. вы́ше – ни́же, 3. вы́ше – глу́бже, 4. гро́мче – ти́ше, 5. деше́вле – доро́же, 6. лу́чше – ху́же, 7. моло́же – ста́рше, 8. ра́ньше – по́зже, 9. ча́ще – ре́же, 10. ши́ре – у́же **Aufgabe 2:** 1. Я моло́же, чем ..., но ста́рше, чем ... 2. Я вы́ше, чем ..., но ни́же, чем ... 3. Я учу́сь лу́чше, чем ..., но ху́же, чем ... 4. Я трениру́юсь ча́ще, чем, но ре́же, чем ... **Aufgabe 3:** 1. Росси́я бо́льше, чем Герма́ния. 2. Мю́нхен ме́ньше, чем Берли́н. 3. Цу́гшпитце вы́ше, чем Фи́хтельберг. 4. Бо́денское о́зеро глу́бже, чем Короле́вское о́зеро.

8.11 Aufgabe 1: а. кто́-нибудь, кто́-то; б. что́-то, что́-нибудь **Aufgabe 2:** а. когда́-нибудь, когда́-то; б. где́-нибудь, где́-то **Aufgabe 3:** а. когда́-нибудь, когда́-то; б. где́-нибудь, кого́-нибудь; в. где́-нибудь, где́-то

9.1 Да́ма: Мне о́чень нужна́ но́вая шля́па. Каку́ю моде́ль вы мо́жете мне предложи́ть? Продаве́ц: Бери́те э́ту. Она́ о́чень элега́нтная. Да́ма: Не хочу́. Таки́е все но́сят, Я́ков Никола́евич. Продаве́ц: Вот как! Тогда́ бери́те э́ту шля́пу. Да́ма: Не хочу́. Таку́ю никто́ не но́сит. А та, кото́рая там лежи́т, мне нра́вится. Ско́лько она́ сто́ит? Продаве́ц: Ничего́. Э́то же ва́ша ста́рая, мада́м! *** – Ма́ма, где вы с па́пой родили́сь? – Я родила́сь в Альтенбу́рге, а па́па – в Э́рфурте. – А где я и Енс родили́сь? – А вы, мой сыно́к, в Берли́не. – А каки́м о́бразом мы все че́тверо познако́мились? *** Мать: А вы не счита́ете, что у моего́ сы́на мно́го оригина́льных иде́й? Учи́тель: О, да, осо́бенно в орфогра́фии.

хлеб, бли́нчики, икра́, анана́с, сала́т, торт, то́ник, кака́о, о́вощи, изю́м, молоко́, окро́шка, аперити́в, вино́, омле́т, ты́ква

9.2 1 а, 2 в, 3 б, 4 а, 5 в, 6 б, 7 а, 8 б, 9 б, 10 в

9.3 Horizontal: 1 ке́гли, 5 стрельба́, 7 шта́нга, 10 ре́гби, 12 бо́бслей, 14 гимна́стика, 16 ко́нный спорт, 17 ша́хматы, 19 гольф, 21 кано́э, 22 пла́вание, 23 те́ннис, 25 баскетбо́л, 26 хокке́й, 28 гандбо́л, 30 сла́лом, 31 скейтборд, 32 велоспо́рт; Vertikal: 2 гребля́, 3 та́нец, 4 бадминто́н, 6 лёгкая атле́тика, 8 фехтова́ние, 9 бег, 11 бокс, 13 байда́рка, 15 волейбо́л, 18 автоспо́рт, 20 футбо́л, 24 борьба́, 27 кри́кет, 29 дзюдо́

Test 1	1 в	2 а	3 в	4 г	5 г	6 б	7 б	8 в	9 г	10 б	11 г	12 а	13 в	14 г	15 в
Test 2	1 г	2 в	3 г	4 в	5 в	6 б	7 в	8 в	9 в	10 г	11 б	12 б	13 в	14 б	15 в
Test 3	1 в	2 в	3 в	4 в	5 б	6 б	7 г	8 в	9 б	10 б	11 в	12 в	13 б	14 г	15 б
Test 4	1 б	2 б	3 в	4 в	5 в	6 в	7 б	8 а	9 б	10 в	11 б	12 в	13 б	14 г	15 б
Test 5	1 б	2 а	3 г	4 б	5 б	6 г	7 б	8 в	9 г	10 г	11 в	12 г	13 в	14 г	15 г

Спи́сок слов

Alphabetisches Wörterverzeichnis

Dieses Wörterverzeichnis enthält in alphabetischer Reihenfolge Wörter in der Grundform und Redewendungen aus den Kapiteln 1 bis 9 sowie den Tests. Nicht angegeben werden als bekannt vorausgesetzte Wörter des elementaren Basiswortschatzes und Wörter, die auf Grund ihrer Ähnlichkeit mit dem Deutschen erschließbar und somit verständlich sind.

In der linken Spalte finden Sie die russischsprachigen Einträge. Die mittlere Spalte weist auf die Fundstellen zu den jeweiligen Stichwörtern hin, z.B. 8.7 = Kapitel 8 Abschnitt 7. Die Übersetzungen ins Deutsche beziehen sich auf den Kapitel-Kontext, in dem die Einträge zum ersten Mal vorkommen. Wörter, die in unterschiedlichen Kontexten auftreten, werden mehrfach genannt.

абоне́нт	1.8	Benutzer (einer Bibliothek)
австри́йка	4.2	Österreicherin
администра́тор	2.5	Empfangschef
актри́са	2.7	Schauspielerin
аку́ла	2.11	Hai
альпини́зм	2.13	Bergsteigen
англича́нин	4.2	Engländer
аппарату́ра	2.2	Gerät
апте́карь	2.7	Apotheker
байда́рка	9.3	Kajak
ба́сня	2.2	Fabel
бег	2.13	Lauf
бе́гать	1.5	laufen
бегемо́т	2.11	Nilpferd
бегу́н	6.4	Kurzstreckenläufer
бежа́ть	1.7	laufen
бе́жевый	2.9	beige
безвку́сный	5.5	geschmacklos
безболе́зный	5.5	schmerzlos
безли́чный	5.5	unpersönlich
безуспе́шный	5.5	erfolglos
безотве́тственный	1.6	verantwortungslos
безрабо́тный	5.5	arbeitslos
беспла́тный	5.5	kostenlos
бесполе́зный	5.5	nutzlos
беспоря́дочный	5.5	unordentlich
бесхозя́йственный	5.5	unwirtschaftlich
бе́лка	2.11	Eichhörnchen
бе́лый	2.9	weiß
белоку́рый	2.9	hellblond
берёза	2.12	Birke
бесстра́стный	1.6	furchtlos
благодари́ть	1.9	danken
благополу́чно	4.4	wohlbehalten
бле́дный	6.2	blass
бо́бслей	2.13	Bobsport
бобы́	2.12	Bohnen
боле́знь	4.5	Krankheit
боле́льщик	3.5	Fan
боле́ть	4.5	krank sein
боль	4.5	Schmerz
больни́ца	4.5	Krankenhaus
больно́й	4.5	Kranker
Больши́х успе́хов!	1.3	Viel Erfolg!
борщ	3.11	Borschtsch (rote Rübensuppe)
борьба́	2.13	Ringen
боти́нки	2.14	(feste) Schuhe
бо́чка	5.2	Fass
брасле́т	2.14	Armband
бро́сить	5.4	werfen
брю́ки	1.6	Hose
буди́ть	5.4	wecken
бук	2.12	Buche
бу́лочная	7.2	Bäckerei
бу́тсы	3.7	Fußballschuhe
бу́сы	2.14	Halskette
бутербро́д	1.8	belegtes Brot
быва́ть	5.3	vorkommen
ваго́н-рестора́н	6.5	Speisewagen
ве́жливость	2.1	Höflichkeit
везде́	4.1	überall
везти́	5.4	fahren, befördern
велосипе́д	3.9	Fahrrad

велоспо́рт	2.13	Radsport
верблю́д	2.11	Kamel
ве́рный	1.5	treu
верхо́м	6.3	zu Pferd
весёлый	1.10	lustig
весна́	2.2	Frühling
ве́тер	3.10	Wind
вещь	2.4	Ding
взгляд	6.2	Blick
взять напрока́т	3.9	(aus-)leihen
видеомагнитофо́н	2.4	Videorecorder
винегре́т	3.11	Gemüsesalat
вино́	1.6	Wein
ви́шня	2.12	Kirsche
вкла́дывать	1.9	hineinlegen
вку́сный	1.2	schmackhaft
владе́лец	4.1	Eigentümer
владе́тель	4.1	Herrscher
владе́ть	4.1	besitzen, herrschen
вне́шность	1.5	Äußeres
внук	1.7	Enkel
вну́чка	2.6	Enkelin
води́тель	1.5	Fahrer
води́ть	4.1	führen
во́дное по́ло	2.13	Wasserball
возвраща́ться	6.1	zurückehren
война́	3.2	Krieg
вокру́г	3.2	um ... herum
волк	2.11	Wolf
во́ля	5.2	Wille; Freiheit
во́рон	2.11	Rabe
воскресе́ние	5.4	Auferstehung
воспита́ть	4.1	erziehen
воспита́тель	1.6	Erzieher
восто́к	2.2	Osten
врата́рь	3.7	Torwart
врач	2.7	Arzt
времена́ми	3.10	zeitweise
Всего́ хоро́шего!	1.2	Alles Gute!
встреча́ться	6.1	sich treffen
входи́ть	4.4	einsteigen
вы́брать	5.3	auswählen
вы́глядеть	5.3	aussehen
вы́играть	3.7	gewinnen
вы́йти	5.3	hinausgehen
выража́ть	5.3	ausdrücken
вы́расти	3.3	aufwachsen
выходи́ть	4.4	aussteigen

га́вкать	1.5	kläffen
га́лстук	3.11	Schlips
галу́шки	1.8	Spätzle
гастроно́м	1.8	Feinkostgeschäft
гвозди́ки	2.12	Nelken
гид	2.7	Reiseführer
гимна́стика	2.13	Turnen
гимна́стка	2.13	Turnerin
глаго́л	1.2	Verb
гла́дить	1.5	streicheln
глаз	2.1	Auge
глубина́	8.10	Tiefe
гнездо́ слов	1.2	Wortfamilie
Говори́те (по)ме́дленнее.	1.3	Sprechen Sie langsamer.
голубо́й	2.9	hellblau
горди́ться	8.3	stolz sein
го́род-геро́й	6.5	Heldenstadt
горо́х, горо́шек	2.12	Erbsen
го́ры	2.5	Gebirge
гости́ная	2.2	Wohnzimmer
гото́вый	1.5	fertig
град	3.10	Hagel
грани́чить	2.5	grenzen
гребля́	2.13	Rudern
грек	4.2	Grieche
греть, гре́ло	5.2	wärmen, wärmte
Гре́ция	4.2	Griechenland
грибы́	3.12	Pilze
гроза́	3.10	Gewitter
гру́бый	1.6	grob
гру́стный	1.10	traurig
гру́ша	1.2	Birne
губа́	6.2	Lippe
гуля́ть	1.5	spazierengehen
гусь	2.11	Gans

дава́й/те	1.2	los
да́ча	8.8	Wochenendhaus
да́ча-прице́п	3.9	Wohnanhänger
дво́йка	2.4	Zwei (Schulnote)
дворе́ц	2.1	Palast
де́ньги	2.10	Geld
детекти́в	2.2	Kriminalroman
де́тская	3.12	Kinderzimmer
дива́н-крова́ть	4.6	Bettcouch
дли́нный	1.5	lang
дневни́к	2.2	Tagebuch, Hausaufgabenheft
довезти́	3.5	fahren
До встре́чи.	1.3	Bis zum Treffen.
Добро́ пожа́ловать!	7.1	Herzlich Willkommen!
договори́лись	2.4	Abgemacht!
договори́ться	3.2	sich verabreden
дождь	3.10	Regen
до́лгий	5.4	lang
допро́с	5.2	Verhör
доро́жка	6.4	Läufer (Teppich)
доро́жный чек	3.9	Reisescheck
дочь, до́чка	1.6	Tochter

дре́вний	5.3	alt, altertümlich
друго́й	4.5	anderer
дру́жественный	4.5	freundschaftlich
дружи́ть	4.5	befreundet sein
дуб	2.12	Eiche
дя́дя	1.6	Onkel

едини́ца	2.4	Eins (Schulnote)
ёж	2.11	Igel
есть	1.5	fressen

жа́реный	3.11	Brat-, gebraten
Жела́ем здоро́вья.	1.3	Wir wünschen Gesundheit.
железнодоро́жник	2.7	Eisenbahner
жёлтый	2.9	gelb
жена́	2.6	Ehefrau
жени́ться	3.5	heiraten
жени́х		Bräutigam
же́нщина-врач	4.6	Ärztin
живо́тное	1.5	Tier
жизнь	1.8	Leben
жиле́т	2.14	Weste
жи́тель	4.1	Einwohner

за	1.9	für
забы́ть	5.4	vergessen
за грани́цей	3.3	im Ausland
зави́довать	8.3	beneiden
загора́ть	3.9	sich sonnen
зада́ча	2.4	Aufgabe
заку́ска	3.11	Vorspeise
замеча́тельный	3.11	großartig
за́мкнутый	1.10	verschlossen
за́мужем	3.6	verheiratet
занима́ть	2.5	einnehmen, belegen
за́пад	2.2	Westen
зараба́тывать	5.3	verdienen
заходи́ть	4.4	vorbeikommen
защи́тник	3.7	Verteidiger
защи́тные очки́	3.9	Sonnenbrille
за́яц	2.11	Hase
зве́нья	5.2	Kettenglieder
звук	1.5	Laut
звукова́я те́хника	2.4	Tontechnik
зелёный	2.9	grün
зима́	2.2	Winter
злой	1.5	böse
знак зодиа́ка	7.7	Tierkreiszeichen
зри́тель	4.3	Zuschauer
зуб	1.5	Zahn
зубно́й врач	3.8	Zahnarzt
зять	2.6	Schwiegersohn; Schwager

идио́ма	1.2	idiomatische Wendung
идти́ под паруса́ми	3.9	segeln
издава́ть	4.5	(heraus-)geben
изда́тель	4.5	Verleger
изда́тельство	4.5	Verlag
из-за	5.4	wegen
икра́	3.11	Kaviar
име́ть	1.5	haben
и́ней	3.10	Rauhreif
иностра́нка	3.5	Ausländerin
иска́ть	8.11	suchen
исполни́тель	4.1	Darsteller
исполня́ть (роль)	3.6	spielen, darstellen

кабине́т	3.12	Arbeitszimmer
кадрови́к	2.7	Berufsoffizier
ка́ждый	3.2	jeder
Как дела́?	1.2	Wie geht´s?
калькуля́тор	2.4	Taschenrechner
ка́мбала	3.11	Scholle
капу́ста	2.12	Kohl
ка́рий	2.9	braun (Augen)
карто́фель-фри	3.11	Pommes frites
кассе́тник	2.4	(Kassetten-) Recorder
ката́ться	6.1	fahren, laufen
като́к	6.4	Eisbahn
ка́чество	1.5	Eigenschaft
кашта́н	2.12	Kastanie
кашта́новый	2.9	kastanienbraun
кит	2.11	Wal
клавиату́ра	2.2	Tastatur
клубни́ка	2.12	Erdbeere(n)
ключ	2.10	Schlüssel
Когда́ перезвони́ть?	1.3	Wann soll ich zurückrufen?
ко́готь	1.5	Kralle
колго́тки	2.14	Strumpfhose
кольцо́	2.14	Ring
компа́кт-диск	6.5	CD
компа́ния	5.4	Clique
конве́рт	1.9	Umschlag
ко́нкурс	1.8	Wettbewerb
ко́нный спорт	2.13	Pferdesport
конча́ть	1.9	beenden
коньки́	6.3	Schlittschuhe
конькобе́жец	2.5	Schlittschuhläufer
кора́бль	3.9	Schiff
корзи́на	1.5	Korb
кори́чневый	2.9	braun
корм	1.5	Futter
корми́ть	1.5	füttern
коро́ва	2.11	Kuh

корт	1.6	Tennisplatz
кость	1.5	Knochen
котле́та	1.8	Bulette
кошелёк	2.10	Portemonnaie
ко́шка	2.11	Katze
краса́вица	3.5	Schönheit
кра́сный	2.9	rot
кратковре́менный дождь	3.10	Regenschauer
кре́пость	2.1	Festung
крестья́нин	2.5	Bauer
крова́ть	3.12	Bett
кро́лик	2.11	Kaninchen
кро́шечный	1.7	winzig
кру́глый	6.2	rund
кру́жка	6.4	Bierglas
кру́пный	1.7	groß
крыжо́вник	2.12	Stachelbeere(n)
купе́ц	4.1	Kaufmann
купи́ть	1.4	kaufen
ку́ртка	1.6	Jacke
куса́ть/ся	1.5	beißen
ку́хня	3.12	Küche

ла́зать	2.8	klettern
ла́пка	1.5	Pfote
Ла́твия	4.2	Lettland
латы́ш	4.2	Lette
ла́ять	1.5	bellen
лев	2.11	Löwe
лёгкая атле́тика	2.13	Leichtathletik
лека́рство	6.3	Arznei
лете́ть	1.7	fliegen
ле́то	2.2	Sommer
лётчик	2.7	Flieger, Pilot
лётчик-истреби́тель	6.5	Jagdflieger
лечь, лёг	3.8	sich legen, legte sich
лимо́н	1.2	Zitrone
ли́па	2.12	Linde
лиса́	2.11	Fuchs
лицо́	2.1	Gesicht
ли́чный	5.4	persönlich
лоб	6.2	Stirn
лови́ть	1.5	fangen
ло́дка	6.1	Boot
лоси́ны	2.14	Leggins
ло́шадь	2.11	Pferd
луг	5.4	Wiese
лук	5.4	Zwiebel
люби́тель	3.5	Liebhaber

ма́йка	2.14	T-Shirt
мали́на	2.12	Himbeere(n)
манеке́н	1.8	Schaufensterpuppe
ма́сло от со́лнечных ожо́гов	3.9	Sonnenschutzcreme
мать	1.7	Mutter
мёд	2.1	Honig
медве́дь	2.11	Bär
медсестра́	2.7	Krankenschwester
ме́жду	3.3	zwischen
ме́лкий	3.10	fein
меню́	6.4	Speisekarte
ме́ра	6.3	Maßnahme
ме́стный	7.1	hiesig; von hier
ме́сто	2.3	Platz
мете́ль	3.10	Schneesturm
мех	2.14	Pelz
мечта́ть	3.6	träumen
меша́ть	8.3	stören
ми́мо	4.4	vorbei
мирово́й	3.2	Welt-
мо́жно	1.4	man kann
молодо́й	1.5	jung
молоко́	1.5	Milch
молчали́вый	1.6	schweigsam
морко́вь	2.12	Mohrrübe
моро́женое	3.11	Speiseeis
моря́к	2.7	Seemann
муж	2.6	Ehemann
мужчи́на	1.7	Mann
мультфи́льм	2.2	Puppentrickfilm
мыть	5.2	waschen
мышь	1.5	Maus
мэр	3.5	Bürgermeister
мясни́к	2.7	Fleischer
мя́со	1.5	Fleisch
мяу́кать	1.5	miauen
мяч	1.5	Ball

на	1.2	für
над	3.3	über
надева́ть	6.3	anziehen, aufsetzen
накле́ивать	1.9	aufkleben
нали́чные	3.9	Bargeld
Нам пора́.	1.3	Es wird Zeit für uns.
напи́тки	2.1	Getränke
напра́во	3.6	nach rechts
напро́тив	3.3	gegenüber
нау́ка	6.3	Wissenschaft
нача́льная шко́ла	2.4	Grundschule
неве́стка	2.6	Braut
недалеко́	T 1	nicht weit
неде́ля	1.6	Woche
незабу́дки	2.12	Vergissmeinicht
незабыва́емый	8.8	unvergesslich

некраси́вый	1.6	hässlich
нескро́мный	1.6	unbescheiden
нести́	2.8	tragen
нече́стный	1.6	unehrlich
нога́	1.5	Bein
но́жницы	2.10	Schere
нос	2.1	Nase
носи́ть	2.14	tragen
носки́	2.14	Socken
носово́й плато́к	2.10	Taschentuch
носоро́г	2.11	Nashorn
нра́виться	2.14	gefallen

обезья́на	2.11	Affe
обеща́ние	6.3	Versprechen
о́блако	3.10	Wolke
обменя́ть	3.9	tauschen
оборо́т	2.4	Wendung
обраба́тывать	5.3	bearbeiten
обраще́ние	1.9	Anrede
о́бувь	6.3	Schuhwerk
обуче́ние	3.4	Ausbildung
о́бщая шко́ла	3.3	Gesamtschule
объявля́ть	1.6	bekanntgeben
обы́чно	5.4	gewöhnlich
о́вощи	6.3	Gemüse
овощно́й суп	3.11	Gemüsesuppe
огро́мный	1.7	riesig
одиннадцати-метро́вый	3.7	Elfmeter
однокла́ссник	1.6	Mitschüler
одноме́стный но́мер	3.9	Einbettzimmer
озагла́вьте	2.4	finden Sie eine Überschrift
опозда́ть	8.9	sich verspäten
опа́сный	5.5	gefährlich
орби́та	6.4	Umlaufbahn
оса́дки	3.10	Niederschläge
осёл	2.11	Esel
о́сень	2.2	Herbst
осма́тривать	5.3	besichtigen
основополо́жник	9.2	Begründer
осо́бенно	1.8	besonders
о́стров	6.3	Insel
остано́вка	3.8	Haltestelle
о́стрый	1.5	scharf
отварно́й карто́фель	3.11	Salzkartoffeln
отдохну́ть	3.4	sich erholen
оте́чественный	3.2	vaterländisch
открыва́ть	6.3	öffnen, aufdrehen
откры́тка с ви́дом	6.4	Ansichtskarte
откры́тый	6.2	offen
отли́чно	6.5	ausgezeichnet
отме́тка	2.4	Zensur, Note
отправи́тель	1.9	Absender
о́тпуск	3.3	Urlaub
отходи́ть	4.4	weggehen
официа́нтка	2.7	Kellnerin
оце́нивать	5.3	bewerten
очки́	2.10	Brille

па́дать	2.8	fallen
пала́тка	3.9	Zelt
пальто́	1.6	Mantel
па́мять	3.6	Andenken
парашюти́зм	2.13	Fallschirm-springen
парикма́херская	7.2	Friseursalon
па́спорт	3.9	Personalausweis
Па́сха	5.4	Ostern
певе́ц	2.5	Sänger
перево́д	2.4	Übersetzung
переда́ть	7.5	überbringen, ausrichten
передвига́ться	1.5	sich fortbewegen
перепи́сываться	8.8	sich schreiben
переселе́нец	2.5	Aus-, Umsiedler
пересели́ться	4.1	umsiedeln
переходи́ть	4.4	überqueren
перечи́тывать	1.9	noch einmal lesen
перча́тки	2.14	Handschuhe
петь	2.4	singen
пи́во	2.1	Bier
пиджа́к	2.14	Sakko
писа́тель	2.7	Schriftsteller
пи́сьменный стол	3.12	Schreibtisch
письмо́	1.9	Brief
пить, пьёт	1.5	trinken, trinkt
пла́вание	2.13	Schwimmen
пла́вать	1.5	schwimmen
плато́к	2.14	Kopftuch
пла́тье	2.14	Kleid
пла́тье-костю́м	6.5	Jackenkleid
пле́мя	5.2	Stamm
племя́нник	2.6	Neffe
племя́нница	2.6	Nichte
плёнка	3.7	Film
плечо́	6.2	Schulter
пло́щадь	2.1	Platz
плыть	1.7	schwimmen
пляж	3.6	Strand
по	1.5	über
победи́тель	1.6	Sieger
по́вар	3.5	Koch
по́весть	2.2	Kurzroman, größere Erzähl.
пода́рок	6.3	Geschenk
подде́рживать	5.3	unterstützen
поднима́ть	2.8	aufheben

подпи́сывать	1.9	unterzeichnen
подска́кивать	2.8	hüpfen
подсне́жники	2.12	Schneeglöckchen
подходи́ть	4.4	sich nähern
по́езд	3.9	Zug
пожела́ние	1.3	Wunsch
поздравля́ть	8.3	gratulieren
Пока́!	1.3	Bis dann!
покупа́тель	4.1	Käufer
поку́пки	3.9	Einkäufe
покло́нник	3.5	Verehrer
по́ле	5.2	Feld
по́лзать	2.8	kriechen
по́лка	1.6	Regal
полови́на	2.3	halb, Hälfte
по́льзоваться	3.3	benutzen
помеще́ние	5.4	Raum
по́мнить	8.3	sich erinnern
помо́щник	4.3	Helfer
портни́ха	2.7	Schneiderin
портно́й	2.7	Schneider
поря́док	5.5	Ordnung
посети́ть	4.1	besuchen
посла́ть	3.3	schicken
посло́вица	2.2	Sprichwort
по́чка	5.2	Knospe
почти́	3.5	fast
по́яс	2.14	Gürtel
пра́внук	1.7	Urenkel
правосла́вие	2.1	orthodoxe Religion
праба́бушка	1.6	Urgroßmutter
праде́душка	1.6	Urgroßvater
пра́здник	2.2	Feiertag
пра́здновать	5.4	feiern
превосхо́дно	7.3	ausgezeichnet
предвы́борный	5.4	Wahl-
предло́г	1.2	Präposition
предложи́ть	9.1	anbieten
предпочита́ть	6.1	vorziehen
предприи́мчивость	2.1	Unternehmungsgeist
предпринима́ть	4.1	unternehmen
предста́виться	6.5	sich vorstellen
престу́пник	3.7	Verbrecher
приве́т	1.9	Gruß
Привет!	1.3	Grüß dich!
приве́тливый	1.10	freundlich
приве́тствие	1.3	Begrüßung
пригласи́ть	8.2	einladen
прилага́тельное	1.2	Adjektiv
приле́жный	1.6	fleißig
принима́ть	6.3	annehmen, empfangen
при́нтер	2.2	Drucker
приня́ть душ	3.8	sich duschen
прислоня́ть	2.8	anlehnen
провести́	7.1	verbringen
проводи́ть	3.3	verbringen
проводни́к	1.6	Fremdenführer
продава́ть	1.4	verkaufen
продавщи́ца	1.6	Verkäuferin
проигра́ть	3.7	verlieren
прои́грыватель компа́ктных ди́сков	3.12	CD-Player
произведе́ние	9.2	Werk
произноси́ть по бу́квам	7.7	buchstabieren
пропусти́ть	8.9	verpassen
проси́ть	3.5	bitten
прости́те	3.5	verzeihen Sie
просто́й	5.3	einfach
про́сьба	6.3	Bitte
проти́вник	3.5	Gegner
профе́ссия	1.7	Beruf
проща́ние	1.3	Verabschiedung
проясне́ние	3.10	Aufheiterung
пры́гать	1.5	springen
прямо́й	6.2	gerade
пти́ца	1.5	Vogel
путеводи́тель	3.9	Reiseführer
путеше́ствие	3.4	Reise
работода́тель	2.5	Arbeitgeber
Рад/а вас ви́деть.	7.1	Ich freue mich, Sie zu sehen.
ра́достный	5.5	fröhlich
разби́ть	5.5	zerschlagen
разведённый	3.6	geschieden
разгово́р	1.3	Gespräch
разгово́р-мо́лния	6.5	Blitzgespräch
разгово́рник	3.9	Gesprächsführer
разгово́рчивый	1.10	gesprächig
раздели́ть	5.5	aufteilen
разлома́ть	5.5	zerbrechen
разме́р	7.6	Konfektionsgröße
рак	7.7	Krebs
ра́но	5.4	früh
распа́д	3.2	Zerfall
распа́даться	5.5	auseinanderbrechen
расписа́ние поездо́в	5.5	Zugfahrplan
распили́ть	5.5	zersägen
расска́з	2.1	Erzählung
расчёска	2.10	Kamm
реклами́ровать	1.8	anpreisen
реме́сленник	2.7	Handwerker
ремо́нт	6.3	Reparatur
ресни́ца	6.2	Wimper

реше́ние	6.3	Entschluss
род	5.4	Geschlecht
ро́дина	3.3	Heimat
ро́дственник	3.3	Verwandter
ро́лики	6.3	Rollschuhe
рост	6.2	Wuchs
рот	5.4	Mund
руба́шка	8.1	Hemd
рука́	2.1	Hand, Arm
руководи́тель	4.3	Leiter
ру́сый	2.9	dunkelblond
ры́ба	1.5	Fisch
рыба́к	3.5	Fischer
ры́бные па́лочки	3.11	Fischstäbchen
ры́жий	6.2	rot(haarig)
рю́мка	6.4	Schnapsglas
ря́дом с	5.5	neben

С пра́здником!	1.2	Frohes Fest!
сам	5.2	selbst
самолёт	8.6	Flugzeug
са́нки	6.3	Rodelschlitten
сапо́жник	2.7	Schuster
сверну́ть	7.4	abbiegen
све́тит	3.10	scheint
свобо́дный	1.8	frei
свобо́дный уда́р	3.7	Freistoß
сдать	3.4	ablegen
сеа́нс	1.2	Vorstellung
се́вер	2.2	Norden
седо́й	2.9	silbergrau
седе́ть	5.4	grau werden
селёдка	2.11	Hering
село́	5.2	Dorf
семанти́ческое по́ле	1.2	semantisches Feld
семья́	3.6	Familie
се́рый	2.9	grau
се́рьги	2.14	Ohrringe
серьёзный	1.6	ernsthaft
сиде́ть	2.8	sitzen
си́льный	3.10	stark
си́ний	2.9	blau
сире́нь	2.12	Flieder
сирота́	2.5	Waise
ска́зка	2.1	Märchen
ску́льптор	2.7	Bildhauer
ску́чный	1.6	langweilig
слабе́ть	8.2	schwach werden
сла́бый	3.10	schwach
сле́ва	3.6	links
след	1.5	Fährte
сле́дующий	3.2	folgender
сли́шком	7.6	zu
слова́рь	2.3	Wörterbuch
слон	2.11	Elefant; Läufer (Schach)
слу́шатель	1.6	Zuhörer
сме́на	5.2	Schicht
сморо́дина	2.12	Johannisbeere(n)
снег	3.10	Schnee
снег идёт	3.10	es schneit
снегопа́д	3.10	Schneefall
соба́ка	1.5	Hund
собесе́дник	1.6	Gesprächspartner
собира́ть	6.3	sammeln, ernten
собы́тие	1.9	Ereignis
соверша́ть	6.1	machen
сове́товаться	6.3	sich beraten
согла́сны	8.9	einverstanden
содержа́ние	3.6	Inhalt
сожале́ние	3.5	Bedauern
сок	1.6	Saft
со́лнечный	3.10	sonnig
со́лнце	3.10	Sonne
солове́й	2.11	Nachtigall
сосе́д/ный	2.5	Nachbar/-
сотру́дничество	1.6	Zusammenarbeit
сочине́ние	2.4	Aufsatz
сочини́ть	9.2	komponieren
сою́з	1.2	Konjunktion
сою́зник	4.3	Verbündeter
спа́ржа	3.11	Spargel
спеши́ть	1.7	eilen
Споко́йной но́чи!	1.2	Gute Nacht!
спо́рить	8.2	(sich) streiten
спосо́бность	1.5	Fähigkeit
Спя́щая краса́вица	3.6	Dornröschen
стака́н	6.4	Wasser-, Saftglas
старе́ть	8.2	Dornröschen
сте́нка	1.6	Schrankwand
стира́льная маши́на	3.12	Waschmaschine
стихотворе́ние	2.3	Gedicht
сто́ит	3.11	lohnt
сторожи́ть	1.5	hüten, bewachen
страх	2.1	Angst
стрельба́	2.13	Schießen
стро́гий	4.5	streng
строи́тельство	1.8	Baustelle
стро́йный	6.2	schlank
стро́ить	4.5	bauen
судья́	3.7	Schiedsrichter
существи́тельное	1.2	Substantiv
счита́ться	9.2	gelten (als)
сын	1.6	Sohn
сыр	2.1	Käse
Счастли́вого пути́!	1.2	Gute Reise!

творе́ц	4.1	Schöpfer
твори́ть	4.1	gestalten, erschaffen

телеба́шня	T 1	Fernsehturm
те́ло	5.2	Körper
тёплый	3.10	warm
тётя	1.6	Tante
ти́хий	1.5	still
тогда́	1.4	dann
то́карь	2.7	Dreher
толка́ть	2.8	stoßen
то́лько	1.8	nur
то́нкий	6.2	dünn
торше́р	3.12	Stehlampe
то́чка	5.2	Punkt
треть	2.3	Drittel
трудолю́бие	2.1	Arbeitsamkeit
трусли́вый	1.6	ängstlich
трусы́	3.7	Turnhose
тума́н	3.10	Nebel
тут	1.4	hier
ту́фли	2.14	Halbschuhe
тяну́ть	2.8	ziehen
уве́рен	5.4	überzeugt
увлека́ться	3.5	sich begeistern
удивля́ть	6.3	wundern
уезжа́ть	4.4	wegfahren
у́мный	1.5	klug
универма́г	3.5	Kaufhaus
упражне́ние	2.4	Übung
уса́дьба	5.4	Bauernhof
устана́вливать	4.4	aufstellen
уха́	3.11	Fischsuppe
уча́ствовать	6.1	teilnehmen
уча́стник	1.6	Teilnehmer
учёба	5.4	Studium
учи́лище	4.5	Lehranstalt
учи́ть	1.2	lehren
учи́ться	3.3	lernen
у́ши	1.5	Ohren
фами́лия	1.8	Familienname
фасо́ль	3.11	Bohnen
фигу́рное ката́ние	2.13	Eiskunstlauf
фиоле́товый	2.9	violett
фуже́р	6.4	Sektglas
хала́т	2.14	Kittel
хвост	1.5	Schwanz
холоди́льник	3.12	Kühlschrank
хомя́к	2.11	Hamster
христиа́нство	2.1	Christentum
худо́жник	1.6	Künstler
цветна́я капу́ста	3.11	Blumenkohl
це́лый	4.4	ganz
це́рковь	2.1	Kirche
цирк	1.6	Zirkus

часовщи́к	2.7	Uhrmacher
частота́	5.4	Häufigkeit
часы́	2.10	Uhr
чемода́н	3.9	Koffer
че́рез	3.4	in, nach Ablauf
черепа́ха	2.11	Schildkröte
чёрный	1.5	schwarz
че́стность	2.1	Ehrlichkeit
че́тверо	9.1	vier
че́тверть	2.3	Viertel
числи́тельное	1.2	Numerale
чистота́	5.4	Sauberkeit
чита́льня	4.5	Lesesaal
чита́тель	1.6	Leser
чу́вствовать себя́	7.1	sich fühlen
чужо́й	3.5	Fremder
чулки́	2.14	Strümpfe
шарф	2.14	Schal
ша́хматы	2.13	Schach(spiel)
ша́шки	2.13	Dame(spiel)
Шве́ция	4.2	Schweden
шерсть	1.5	Fell
шестёрка	2.4	Sechs (Schulnote)
широ́кий	5.2	breit, weit
шкаф	1.6	Schrank
шля́па	6.3	Hut
шни́цель	3.11	Schnitzel
шта́нга	9.3	Hantel
щёки	6.2	Wangen
щу́ка	2.11	Hecht
экра́н	2.2	Bildschirm
э́тот	1.2	dieser
ю́бка	1.6	Rock
юг	2.2	Süden
я́блоко	1.2	Apfel
яйцо́	3.11	Ei
я́сли	6.3	Kinderkrippe